Editorial

Die Partei, die wir brauchen

Loren Balhorn
Editor-in-chief

Parteien sind wieder in. Die deutsche Linkspartei hat ihre Mitgliederzahl seit Anfang des Jahres verdoppelt. Die Kommunistische Partei Österreichs ist nach Jahrzehnten in der politischen Wüste zu neuem Leben erwacht. In Großbritannien kündigen Jeremy Corbyn und Zarah Sultana an, eine neue Partei links von Labour gründen zu wollen und erhalten dabei Unterstützung von Hunderttausenden. Sogar Elon Musk kokettierte neulich mit der Idee, nach seinem kurzen Aufenthalt im Weißen Haus seine eigene Partei zu gründen.

Das alles ist besonders bemerkenswert angesichts der Tatsache, dass es sich vor dem Hintergrund einer langen, tiefen Krise der Parteiendemokratie abspielt. Einst waren Parteien Säulen der bürgerlichen demokratischen Ordnung, die immerhin einen minimalen Zugang zur politischen Maschinerie garantierten. Seit Jahrzehnten gelten sie jedoch weithin als Vehikel für Selbstdarstellung, Opportunismus und Korruption. Dass nur noch wenige Bürger ihnen zutrauen, die Herausforderungen unserer Zeit zu bewältigen, bestätigt eine aktuelle Forsa-Umfrage, wonach mehr als die Hälfte der Deutschen keiner der derzeit im Parlament vertretenen Parteien die Kompetenz zuspricht, die Probleme im Land zu lösen.

Eine solche Zahl verheißt nichts Gutes, weder für die Parteien selbst noch für die Verfasstheit einer demokratischen Gesellschaft. Die »Politikverdrossenheit«, wie diese zeitgenössische Form der Atomisierung meistens bezeichnet wird, untergräbt auch das Gefühl der kollektiven Verantwortung für die Gesellschaft als solche und öffnet Tür und Tor für autoritäre Gauner wie Donald Trump, die den Staat vor allem als Instrument zur Selbstbereicherung und -inszenierung verstehen.

Insofern ist die Rückkehr der Parteiform, auch wenn sie primär als Reaktion auf eine erstarkende Rechte gelesen werden kann, zu begrüßen. Allerdings ist es nicht Aufgabe der Linken, die Krise der Demokratie für die Reichen und Mächtigen zu lösen – sie haben sich ihr Bett gemacht, jetzt müssen sie auch darin liegen. Als Sozialisten liegt es in unserer Verantwortung, diese Krise als Chance zu begreifen, um die Bedingungen für linke Politik im 21. Jahrhundert zu verbessern. Und dazu brauchen wir Organisierung.

Die politischen Aufbrüche der letzten fünfzehn Jahre haben wiederholt bestätigt: Ohne eine nachhaltige, widerstandsfähige Organisation kann das politische Zentrum einfach abwarten, bis die widerständige Energie verpufft, und dann wieder zum Tagesgeschäft übergehen – in der Gewissheit, dass die Massen nach einer solchen Enttäuschung kein zweites Mal aufstehen werden.

Wut und Widerstand in den Aufbau einer Partei zu übersetzen, ist grundsätzlich ein nachhaltigerer Ansatz. Doch wie der Begründer der österreichischen Sozialdemokratie Victor Adler einst bemerkte: »Ein Haufen unzufriedener Menschen ist noch keine Partei.« Sie muss auch zweckdienlich organisiert sein und die richtige Strategie verfolgen. In dieser Ausgabe werfen wir einen Blick auf die Hindernisse und fragen uns, wie die Partei, die wir heute brauchen, aussehen könnte.

Internet Speaks

Get red or die trying

@KLAUSPETER-LO2HK
Es ist nicht die Linke, die sich nicht auf den Klassenkampf konzentriert hat, sondern das, was einmal "Proletariat" genannt wurde. Und kleinbürgerliche Intellektuelle (wie Jacobin) versuchen das seit mittlerweile 90 Jahren zu verdrängen.

Planung ist alles (wir arbeiten dran)

@HONGFANPAI
Jacobin gibt für meinen Arbeitsplan Sachen immer zu spät bekannt

Quellenlage: www.jacobin.de/relaxbro

@DB11FS
Bin ich der einzige, der den Titel "Jacobin Magazin" mehr als befremdlich findet? Ich meine, da wird eine Bewegung zelebriert, die je nach Quellenlage zehntausende, wenn nicht sogar hunderttausende Menschenleben auf dem Gewissen hat.

... sagt die taz am Tennisplatz

@PETERUNFRIED
Interessant würde @jacobinmag_de, wenn es auch mal nicht an der sozialen Frage liegen würde.

Nur wenn Streik ist und du Zugführer bist

@SCHNUERBERT.BSKY.SOCIAL
ist es linke praxis in der ersten klasse der deutschen bahn im arbeitgeber merch jacobin zu lesen?

Vermutlich das Netteste, was jemals über uns getweetet wurde

@LAVENDERSOC
naja also im Jacobin hat man ja zumindest den Glaube an den Sozialismus noch nicht verloren, das muss man schon beachten mMn. Das mag nicht meine Strategie sein, aber die glaube zumindest noch dran

Welt-Angestellte bei der Arbeit

@ONELONGARGUMENT
Immer wenn auf Arbeit das imposter syndrome kickt, denke ich daran, dass Jacobin existiert und irgendwelche Loser tatsächlich Geld für den Müll bezahlen.

Analyse ist Praxis

@HELLESSACHSEN
Dieses ganze verkopfte Jacobin-Zeugs würde man doch heutzutage in ner wissenschaftlichen Zeitschrift ablehnen, weil die Forschungsfrage zuwenig Praxisbezug hat.

Weil Kommunikation das Herz einer guten Beziehung ist

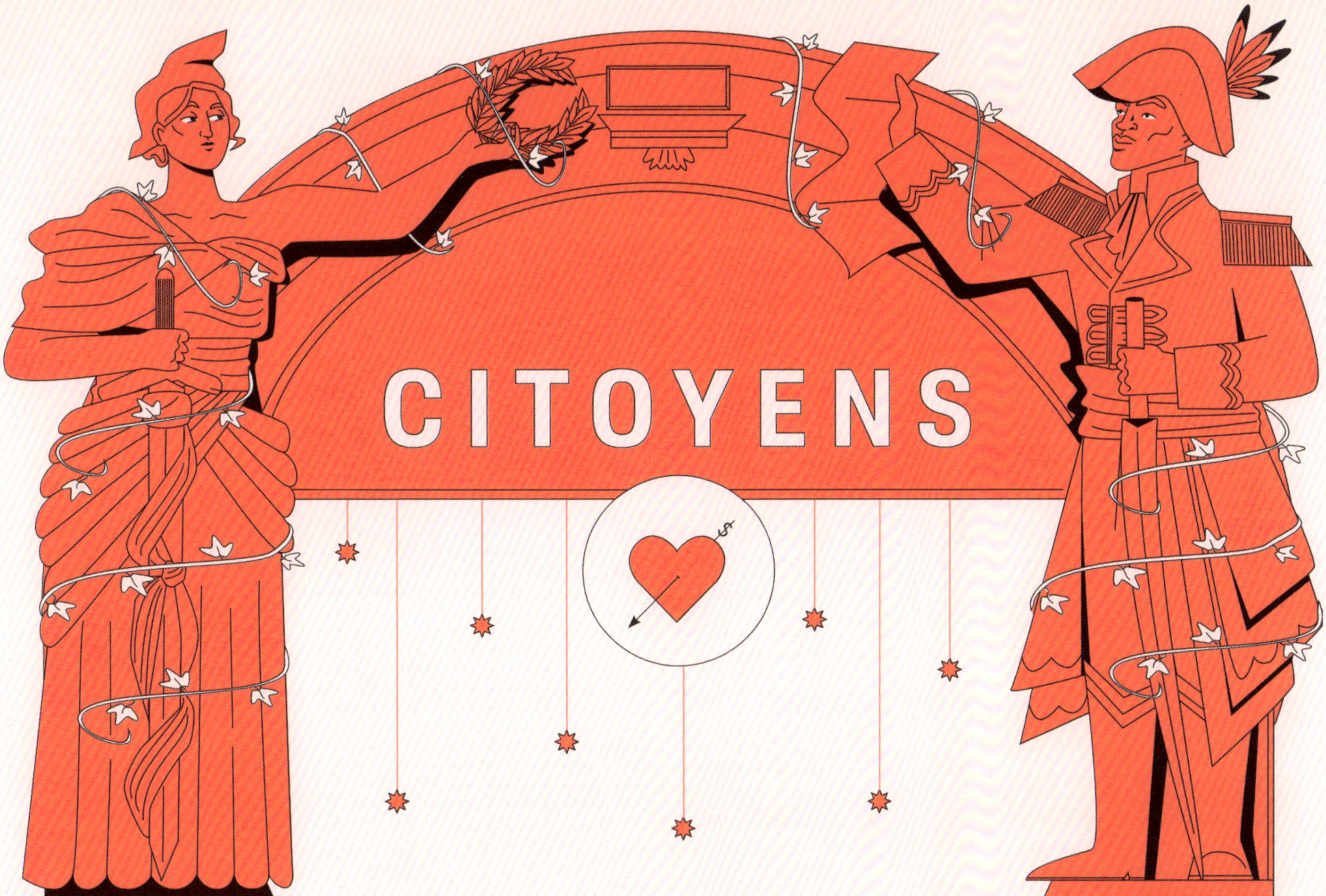

Jacobin liefert sozialistische Perspektiven auf Politik, Wirtschaft & Kultur. 2010 in New York geboren, erscheint Jacobin auf Englisch, Italienisch, Portugiesisch, Spanisch, Niederländisch, Griechisch und seit Mai 2020 auf Deutsch.

JETZT ABONNIEREN UNTER ► *JACOBIN.DE/ABO*

PUBLISHER: Ole Rauch
EDITOR-IN-CHIEF: Loren Balhorn
DEPUTY EDITOR: Astrid Zimmermann
PRINT EDITOR: Thomas Zimmermann
ASSISTANT EDITOR: Magdalena Berger
COLUMNISTS: Ole Nymoen, Judith Scheytt
CONTRIBUTING EDITORS: Linus Westheuser, Matthias Ubl, Ilker Eğilmez, Jonas Thiel
PROOFREADER: Marlen van den Ecker
TRANSLATOR: Tim Steins
OFFICE: Adelaide Ivánova, Atdhe Zymberi, Laura Stoppkotte

CREATIVE DIRECTOR: Andy King
ART DIRECTORS: Johanna Goldmann, Marie Schwab, Markus Stumpf, Zane Zlemeša
COVER ILLUSTRATION: Jonathan Hoffboll
PHOTOGRAPHERS: Helia Jafarzadeh, Christopher Glanzl
ILLUSTRATORS: Daniel Garcia, Johanna Goldmann, Jonathan Hoffboll, Viktoria Mladenovski, Rob en Robin, Marie Schwab, Meg Studer, Markus Stumpf, Shiwen Sven Wang, Zane Zlemeša

CONTRIBUTORS: Nils Kumkar, Nina Scholz, Vivek Chibber, Anton Jäger, Almut Rochowanski, Paolo Gerbaudo, Kurdwin Ayub, Raul Zelik, Pauline Jäckels, Jonas Thiel, Magdalena Berger, Thomas Zimmermann, Evelina Johansson Wilén, Loren Balhorn, Tim Steins, Astrid Zimmermann, Matt Broomfield, Phoebe Stern, Olavo Passos de Souza, Nick French

DIE PARTEI, DIE WIR BRAUCHEN

JACOBIN #22

SCHWERPUNKT

ESSAY

DRÄNGENDE FRAGEN

DIE INTERNATIONALE

KULTURPALAST

KLEINE FREUDEN

▶6

DIE PARTEIFRAGE

Vivek Chibber über den Sinn und Zweck einer linken Partei.

▶18

50.000 NEUE LINKE

Pauline Jäckels hat sich angesehen, wie die Linke mit ihren Neumitgliedern zurande kommt.

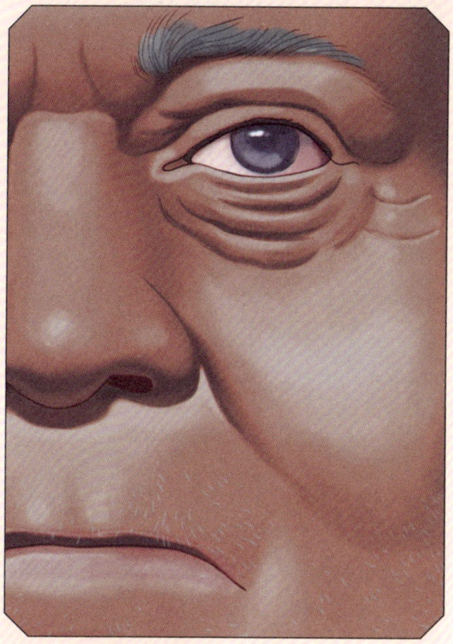

LEITARTIKEL

Die Parteifrage

Vivek Chibber

Die Wirkungslosigkeit der heutigen Linken ist kein Zufall, sondern Ergebnis ihrer Organisationsstruktur. Will sie neue Stärke aufbauen, muss sie diese von Grund auf ändern.

Die moderne Linke entstand als politischer Ausdruck der materiellen Interessen der Arbeiterklasse. In ihren Anfängen war sie ein loser Zusammenschluss von Intellektuellen, Gewerkschaftern und sympathisierenden Mitgliedern der politischen Elite, deren Aktivitäten sich hauptsächlich auf Journalismus, moralische Debatten, soziale Arbeit und in einigen Fällen politisches Patronat beschränkten. Doch Ende des 19. Jahrhunderts erkannten die Arbeiterschaft und ihre Verbündeten in elitäreren Schichten, dass sie sich als Klasse organisieren mussten, um ihre politischen und ökonomischen Interessen durchzusetzen.

Es ist wichtig zu betonen, dass diese Erkenntnis erst durch harte Erfahrungen gewonnen wurde. Auch ist es nicht so, dass andere Aktivitäten aufgrund eines kulturellen Wandels oder einer Veränderung der intellektuellen Moden gegenüber der Klassenorganisierung in den Hintergrund traten. Tatsächlich wurde keine von ihnen in irgendeiner Weise aufgegeben: Sozialistinnen und Sozialisten setzten sich weiterhin mit moralischen Argumenten gegen den Kapitalismus ein, kritisierten in der Presse die Ungerechtigkeiten gegenüber der Arbeiterschaft und nutzten ihre politischen Einflussmöglichkeiten, um die Bedingungen zu verbessern.

Übersetzung ◄ **Tim Steins**
Illustration ◄ **Jonathan Hoffboll**

Während Gewerkschaften für die täglichen Interessen ihrer Mitglieder kämpfen, entwerfen Parteien eine langfristigere Strategie für die Klasse als Ganze.

Sie mussten jedoch feststellen, dass ihre Forderungen ohne reale Macht bestenfalls ignoriert, wenn nicht sogar von den Arbeitgebern und ihren politischen Vertretern im Staat physisch unterdrückt wurden. Durch diesen Lernprozess wurde aus der »sozialen Frage« des frühen 19. Jahrhunderts zum Ende des Jahrhunderts die »Klassenfrage«.

Zwei Grundpfeiler der Arbeiterbewegung

Zwei Institutionen wurden zu den Grundpfeilern der organisierten Arbeiterbewegung: Gewerkschaften und sozialistische Parteien. In einigen Ländern entstanden zuerst die Parteien, die dann den Weg für das Erstarken der Gewerkschaften ebneten. In anderen Fällen kamen die Gewerkschaften zusammen, um Parteien als ihren politischen Arm zu gründen. Unabhängig von der Reihenfolge wurden diese beiden Institutionen nahezu überall – mit Ausnahme der USA, wo sozialistische Parteien effektiv von der politischen Teilhabe ausgeschlossen wurden – zum Fundament für die Erfolge der sozialistischen Bewegung im 20. Jahrhundert.

Über ein Jahrhundert später sind Gewerkschaften nach wie vor Kern sozialistischer Strategien. Der Grund dafür ist simpel: Der Arbeitsplatz ist in jeder kapitalistischen Gesellschaft der Ort, an dem Arbeiterinnen und Arbeiter in großer Zahl zusammenkommen. Doch das ist nicht das einzige Merkmal, das Arbeitsstätten so wichtig macht – schließlich können Menschen aus der Arbeiterklasse beispielsweise auch in ihrer Nachbarschaft zusammenkommen.

Die zentrale Bedeutung des Arbeitsplatzes ergibt sich vielmehr aus der Tatsache, dass dort Wert geschaffen wird. Und den Fluss der Wertschöpfung zu unterbrechen, ist das wesentliche Machtmittel der Arbeiterschaft. Die Gewerkschaften bringen die Arbeiterklasse zusammen und nutzen ihre Kontrolle über den ökonomischen Wert als Druckmittel gegenüber den Arbeitgebern. Wenn Sozialisten versuchen, Arbeiter anhand ihrer Interessen zu organisieren, ist ein Gelingen schlichtweg unvorstellbar, ohne dass Gewerkschaften dabei im Zentrum stehen.

Doch obwohl Gewerkschaften für die Organisierung der Arbeiterinnen und Arbeiter unerlässlich sind, können sie diese nur teilweise als Klasse organisieren. Wie Wladimir Lenin feststellte, ermöglichen Gewerkschaften es der Arbeiterschaft zwar, für ihre Interessen zu kämpfen, aber nur in einem begrenzten Sinne. Gewerkschaften helfen, Verbesserungen in Bezug auf Löhne, Arbeitsbedingungen sowie die Arbeitszeit und das Arbeitstempo zu erreichen. Sie sind ein Mittel für Arbeiterinnen und Arbeiter, ihre Interessen am Arbeitsplatz zu verteidigen und innerhalb des Kapitalismus ein gewisses Maß an Menschenwürde zu wahren.

Ihre Begrenzung ist jedoch, dass sie die Aufmerksamkeit auf die spezifischen Einzelheiten des jeweiligen Arbeitsvertrags lenken, anstatt das dem Vertrag zugrundeliegende Prinzip selbst infrage zu stellen. Für Sozialisten stellt dies eine gewisse Paradoxie dar: Gewerkschaften sind für den Schutz der Interessen der Arbeiterschaft innerhalb des Kapitalismus unverzichtbar, aber sie legitimieren auch genau das System, das Sozialisten überwinden wollen. Dies ist nicht nur eine Frage der Ideologie: Gewerkschaftsfunktionäre haben die Aufgabe, die Interessen der Beschäftigten am Arbeitsplatz zu verteidigen, und neigen daher dazu, sich einseitig auf die Missstände an eben jenem Arbeitsplatz zu konzentrieren und sich weniger mit dem System als Ganzem zu befassten.

Darüber hinaus haben Gewerkschaften, gerade weil sie zur Sicherung des Wohlergehens ihrer jeweiligen Mitglieder gegründet wurden,

eine inhärente Tendenz, die Arbeiterklasse zu zersplittern. Am deutlichsten wird dies im Fall der im 19. Jahrhundert dominierenden Zunft- oder Gildengewerkschaften, in denen sich die Arbeiter nach ihren jeweiligen Fertigkeiten oder Berufen organisierten. Aber dies gilt auch für die seit den 1930er Jahren vorherrschende Form des Gewerkschaftswesens, die Industriegewerkschaften: Sie organisieren zwar die Arbeiterschaft eines bestimmten Unternehmens oder einer bestimmten Branche, aber sie haben kein inhärentes Bestreben, alle Arbeiterinnen und Arbeiter als Klasse zusammenzubringen.

Diese Einschränkungen sind der Grund, warum der sozialistische Flügel der Arbeiterbewegung seit jeher eine politische Partei als absolut notwendig erachtet hat. Arbeiter- oder sozialistische Parteien weisen historisch gesehen zwei Merkmale auf, die Gewerkschaften von Natur aus nicht haben: Das erste ist, dass sie nicht nur nach ökonomischen, sondern auch nach ideologischen Gesichtspunkten organisiert sind. Sie setzen sich dafür ein, die Grundstruktur des Kapitalismus zugunsten der Arbeiterklasse zu verändern – oder, in einer ambitionierteren Version, den Kapitalismus komplett zu überwinden.

Man kann diese Konstellation so zusammenfassen: Während Gewerkschaften für die täglichen Interessen ihrer Mitglieder kämpfen, entwerfen Parteien eine langfristigere Strategie für die Klasse als Ganze. Parteien neigen eher dazu, die Wirtschaft in ihrer Gesamtheit zu betrachten, während Gewerkschaften ständig auf die Besonderheiten ihrer Branche oder der jeweiligen Fachkompetenz fixiert sind.

Ein weiteres wichtiges Merkmal ist, dass Parteien Zugang zum Staat haben. Im 19. Jahrhundert spielte dies keine so große Rolle, da die meisten Arbeiterinnen und Arbeiter ohnehin von der Teilnahme am Wahlsystem ausgeschlossen waren. Mit der Demokratisierung des kapitalistischen Staates wurde jedoch die Möglichkeit, mit legislativen Mitteln das Terrain für den Klassenkampf zu verändern, zu einem zentralen Pfeiler der Strategie der Arbeiterklasse. Das Bestreben, die Interessen der Arbeiterklasse voranzubringen, bekam mit den neu entstehenden Parteien sein mächtigstes Instrument.

Diese Parteien arbeiteten mit den Gewerkschaften zusammen, hatten aber ihre eigene Organisationsstruktur. In vielerlei Hinsicht waren Parteien ebenso wie Gewerkschaften Kampforganisationen: Sie waren physisch in den Arbeitergemeinden verankert, rekrutierten die meisten ihrer Mitglieder aus diesen Gemeinden und waren tief verwurzelt im Leben der Arbeiterklasse, sodass die Partei und die Menschen eine organische Einheit bildeten.

Allerdings beschränkten sich die Parteien nicht darauf, die Arbeiterinnen und Arbeiter als Massenbasis zu nutzen – sie versuchten aktiv, die ideologische und politische Kultur der gesamten Klasse zu prägen. Sie hatten eine kohärente politische Botschaft und eine reichhaltige interne Debatten- und Diskussionskultur, mit klaren Normen innerhalb ihrer Reihen und Aufstiegsmöglichkeiten in die Führung. Alle sozialistischen Parteien des 20. Jahrhunderts waren stolz auf ihre innerparteiliche Disziplin und die Entschlossenheit, mit der sie sich in der Politik engagierten. Der Sozialismus erschien praktisch schon am Horizont; lange konnte es nicht mehr dauern. Was ist also passiert?

Vom Mobilisieren zum Managen

Sozialisten haben stets verstanden, dass Gewerkschaften einen starken Anreiz dazu haben, ihre Mitglieder nicht nur zu mobilisieren, sondern sie auch zu managen: Gewerkschaften verhandeln mit Arbeitgebern über Verträge; und die

Bedingung eines jeden Vertrags ist die Verpflichtung, sich an die Vertragsbedingungen zu halten. Das übergeordnete Ziel ist ein gewisser Arbeitsfrieden. Der entsprechende Impuls der Gewerkschaften, ihren Mitgliedern Disziplin aufzuerlegen, um die eigene Glaubwürdigkeit gegenüber Verhandlungspartnern zu wahren, gewann im Laufe des 20. Jahrhunderts zunehmend an Bedeutung. Gewerkschaften wurden in fortgeschrittenen kapitalistischen Volkswirtschaften institutionalisiert und verwandelten sich von Kampfverbänden in Instanzen des Arbeitsfriedens.

Unter Sozialistinnen und Sozialisten ist es eine gängige Meinung, dass die heutige Demobilisierung der Gewerkschaften auf eine zu starke Machtkonzentration bei den Gewerkschaftsführungen zurückzuführen sei. Zwar ist der Konservatismus der Führungen zweifellos ein wichtiger Faktor, doch ebenso wichtig ist die Passivität der übrigen Gewerkschaftsmitglieder. Tatsächlich hat gerade der *Erfolg* der Gewerkschaften dazu geführt, dass die Mitglieder eher geneigt waren, die Initiative ihren jeweiligen Führungen zu überlassen, anstatt sich permanent in Kampfstellung zu begeben. Im Laufe des vergangenen Jahrhunderts wirkten diese Faktoren zusammen und machten die Gewerkschaften zu einem stabilen Bestandteil der kapitalistischen politischen Ökonomie – statt zu einer sie zersetzenden Kraft.

Sozialistische Parteien sollten als Gegengewicht zu dieser konservativen Tendenz innerhalb der Gewerkschaften dienen. Es zeigte sich jedoch schnell, dass auch die Parteien eine starke Neigung dazu hatten, das Bestehende lediglich zu verwalten. So wie die Gewerkschaften für Arbeitsfrieden sorgen mussten, um ihre Glaubwürdigkeit zu wahren, mussten die Parteien als Grundlage für ihre Glaubwürdigkeit Wirtschaftswachstum liefern. Der wichtigste Faktor für Wachstum war es jedoch, die Investitionsprioritäten des Privatkapitals zu achten. Obwohl ihre Hauptwählerschaft die Arbeiterklasse war, mussten alle Arbeiterparteien feststellen, dass sie die Profitinteressen des Kapitals – ihres Klassenfeindes – respektieren mussten, wenn sie Wirtschaftswachstum sichern wollten. Wirtschaftswachstum war und ist die Grundlage für praktisch alle politischen Initiativen, die linke Regierungen ergreifen können. Diese Faktoren waren in erster Linie für die Domestizierung der Arbeiterbewegung in der Nachkriegszeit verantwortlich.

Im Zuge von zwei Generationen haben wir etwas Bemerkenswertes beobachtet: Diese Institutionen, die einst Katalysatoren für den Fortschritt der Arbeiterklasse waren, haben nicht nur aufgehört, Klassenmobilisierer zu sein, sondern sind entweder zu Komplizen der neoliberalen Agenda geworden oder haben sich zumindest mit dem Status quo abgefunden. Während die herrschenden Eliten den Sozialstaat zurückgebaut, die Gewerkschaften entmachtet und landauf, landab Austeritätsmaßnahmen durchgesetzt haben, versäumten es die ehemaligen Arbeiterparteien nicht nur, dagegen anzukämpfen, sondern waren in der Regel sogar Vollstrecker derartiger Maßnahmen. Die Gewerkschaften wiederum sahen sich aufgrund ihrer schrumpfenden Mitgliederzahlen und der zunehmenden Demoralisierung der Mitglieder außerstande, sich gegen die Attacken zu wehren. Die Gewerkschaften rutschten daher in reine Verteidigungskämpfe, oder sie bemühten sich um die Gunst der Machtzentren, statt gegen sie zu mobilisieren.

Die Wende zu den »Bewegungen«

Der steile Niedergang der Institutionen der Arbeiterklasse ist einer der wesentlichen Hintergründe, vor denen sich die heutige Opposition gegen den Neoliberalismus herausgebildet hat.

So wie die Gewerkschaften für Arbeitsfrieden sorgen mussten, um ihre Glaubwürdigkeit zu wahren, mussten die Parteien als Grundlage für ihre Glaubwürdigkeit Wirtschaftswachstum liefern.

Von den 1980er bis in die 2000er Jahre stieß der Neoliberalismus auf sehr wenig Widerstand seitens der Gewerkschaften im Besonderen und der Gesellschaft im Allgemeinen. Erst seit 2010/11 ist ein deutlicher Anstieg der Mobilisierung gegen die von den Eliten initiierte wirtschaftliche Offensive zu beobachten. In dieser Hinsicht erinnert dies an die Wellen sozialer Kämpfe, die den Kapitalismus im vorherigen Jahrhundert geprägt haben.

Es gibt jedoch einen eklatanten Unterschied: Die früheren antikapitalistischen Mobilisierungen hatten einen ausgeprägten organisatorischen Aspekt. Sie waren um die Gewerkschaftsbewegung herum organisiert und wurden von sozialistischen Parteien verschiedener Couleur angeführt. Dies galt ebenso für die Wende zum 20. Jahrhundert wie für die 1930er Jahre und bis in die 1960er Jahre hinein.

Im Gegensatz dazu spielten die klassischen Organisationen der Arbeiterklasse in den antineoliberalen Mobilisierungen der vergangenen zwei Jahrzehnte eine viel geringere Rolle. Dies ist nicht überraschend: Die Institutionen, die in der Vergangenheit die Mobilisierungen angeführt haben, sind entweder zu schwach und risikoscheu, um dies erneut zu tun, oder sie setzen selbst aktiv jene Politik durch, die eine so wütende gesellschaftliche Reaktion hervorgerufen hat. Infolgedessen mussten Aktivistinnen und Aktivisten außerhalb dieser Institutionen agieren. Entweder riefen sie andere zivilgesellschaftliche Organe auf, sich zu engagieren, oder versuchten, solche Organe neu zu schaffen. So sind es heute vor allem Studierendengruppen, Bürgerinitiativen, aber vor allem gemeinnützige Organisationen und NGOs, die in den anti-neoliberalen Bewegungen eine aktive Rolle spielen.

Das Ergebnis ist eine bemerkenswerte Veränderung, sowohl hinsichtlich des Erfolgs der Bewegungen als auch in der Dauerhaftigkeit oder Nachhaltigkeit der Mobilisierungen. In den zehn Jahren nach 1890 entstanden moderne Arbeiterorganisationen, die unmittelbar Einfluss auf die politische Agenda nahmen; in den 1930er Jahren wuchs der Wohlfahrtsstaat massiv und wurde großzügiger; und die Entwicklungen der 1960er Jahre waren die letzte große Expansion der Sozialdemokratie. Im Gegensatz dazu haben die Mobilisierungen nach Occupy Wall Street sowohl im Globalen Norden als auch im Süden nur sehr wenige konkrete Ergebnisse vorzuweisen. Der Austeritätskurs wurde unvermindert fortgesetzt, die politische Landschaft wird weiterhin von der Mitte dominiert – und Wachstum ist nicht bei der Linken, sondern überwiegend bei der radikalen Rechten zu verzeichnen.

Betrachtet man die Organisationen, die aus den jüngsten Bewegungen hervorgegangen sind, so sind sie größtenteils in politische Krisen geraten oder ganz verschwunden – sei es Occupy Wall Street in den USA, M-15 und später Podemos in Spanien, Syriza in Griechenland, die Momentum-Bewegung innerhalb der britischen Labour Party oder andere weniger namhafte Projekte. Kaum eins hat sich dauerhaft in der politischen Landschaft etablieren können.

Es gibt einige wenige Ausnahmen, beispielsweise die Democratic Socialists of America (DSA), die deutsche Linkspartei oder Jean-Luc Mélenchons La France insoumise. Doch selbst in diesen Fällen haben Organisationen größtenteils nur überlebt und sind kaum Vorboten einer dramatischen Verschiebung der politischen Kräfteverhältnisse. Noch vor wenigen Monaten schien die Linkspartei nach jahrelangem politischem Bedeutungsverlust endgültig am Abgrund zu stehen. Und La France insoumise ist bei Weitem die erfolgreichste dieser Gruppierungen, scheint aber zeitweise allein durch das Charisma ihres

Die heutigen Organisationen sind in Wirklichkeit Sammelbecken kleinerer Gruppen, die lediglich durch ein vages Bekenntnis zur »sozialen Gerechtigkeit« und Feindseligkeit gegenüber der herrschenden Ordnung zusammengehalten werden.

Anführers Mélenchon zusammengehalten zu werden. Das ist keine gute Grundlage für langfristige Stabilität, geschweige denn für Wachstum.

Es soll hier nicht in Abrede gestellt werden, dass diese Protestwellen und Organisationen Einfluss auf die politische Kultur gehabt haben: Die öffentliche Debatte über den Neoliberalismus hat sich nicht zuletzt aufgrund der Bewegungen und der von ihnen mitbegründeten Organisationen dramatisch verändert. Es ist jedoch wichtig zu analysieren, warum sie so wenig Erfolg dabei hatten, die politischen Kräfteverhältnisse oder die Prioritäten der Staaten zu verändern.

Der wichtigste Hemmfaktor war offensichtlich die gesellschaftliche Basis dieser Bewegungen: Es handelte sich größtenteils um Bürgermobilisierungen, die verschiedene soziale Gruppen zusammenbrachten, ohne jedoch der Klassenorganisation besondere Aufmerksamkeit zu schenken. Es herrschte zwar allgemein eine ablehnende Haltung gegen Austerität und Kürzungen, doch war dies nur ein Element unter vielen anderen Kritikpunkten.

Anstelle eines klaren politischen Ziels oder eines verbindenden Themas, wie es die Klassenmobilisierungen der 1890er oder 1930er Jahre hatten, forderten die jüngeren Bewegungen eine multidimensionale »soziale Gerechtigkeit« in diversen Bereichen wie Umwelt, Antirassismus, Genderfragen und Sexualität. Ebenso wichtig ist, dass jedes Thema von einer eigenen Interessengruppe mit eigener Agenda und eigenen Institutionen vorangetrieben wurde. So sind Gebilde wie die DSA und andere zwar dem Namen nach Organisationen, in Wirklichkeit aber Sammelbecken kleinerer Gruppen, die lediglich durch ein vages Bekenntnis zur »sozialen Gerechtigkeit« und Feindseligkeit gegenüber der herrschenden Ordnung zusammengehalten werden.

Diese besondere Mischung steht in direktem Zusammenhang mit der Zähmung der klassischen Institutionen der Arbeiterschaft. Die beiden Machtzentren des Kapitalismus – die Wirtschaft und der Staat – werden heute vollständig von der Kapitalistenklasse beherrscht. Aufgrund der Neutralisierung der Gewerkschaften und des Rechtsrucks der sozialdemokratischen Parteien gibt es keine gut zugängliche Möglichkeit, die Macht an ihrer Quelle anzugehen. Daher wurde der Widerstand in die Zivilgesellschaft statt an die Arbeitsplätze und in den Staat getragen. Dadurch konnten gesellschaftliche Schichten außerhalb der Arbeiterklasse angesprochen werden. Doch selbst wenn Arbeiter solchen Bündnissen beitreten, tun sie dies als einzelne, atomisierte Bürger und nicht als Vertreter ihrer Klasse. Diese Bewegungen waren und sind von besser situierten und gebildeteren Schichten dominiert – nicht von der Arbeiterklasse.

Dies hat zwei unmittelbare Folgen. Erstens treten Menschen aus moralischer Überzeugung in die Bewegungen ein und nicht, weil sie diese für ihre eigenen materiellen Interessen als essenziell notwendig erachten. Das unterscheidet die Bewegungen stark von Arbeiterkämpfen: Diese hatten natürlich auch eine moralische Dimension, aber was die Arbeiterschaft über Jahrzehnte hinweg an die Bewegung band, war, dass sie ihre eigenen materiellen Interessen direkt mit dem Erfolg der Bewegung verknüpfen konnten. Anders gesagt: Die Arbeiter konnten sich gar nicht aus den Bewegungen zurückziehen, ohne dass dies direkte Auswirkungen auf ihr eigenes Wohlergehen gehabt hätte.

Wenn Menschen kein direktes materielles Interesse am Erfolg von Bewegungen haben, ist es einfacher, sich wieder abzuwenden. Dadurch ist es bei derartigen Bewegungen viel wahrscheinlicher, dass sie bei den ersten Anzeichen einer

Niederlage oder bei einer Demoralisierung ihrer Mitglieder zusammenbrechen. Dies ließ sich in Deutschland an der Explosion und anschließenden Implosion der Klimabewegung beobachten, die sich überwiegend aus Schülerinnen und Schülern aus der Mittelschicht zusammensetzte, die sich bald anderen Aktivitäten zuwandten.

Die zweite Folge ist, dass gerade der Moralismus solcher Bewegungen Menschen aus der Arbeiterklasse eher abschreckt. Da sich die Arbeiter von den Bewegungen entkoppelt und entfremdet fühlen, erreichen die Projekte nicht die Hebelwirkung, die die traditionellen Gewerkschaften in früheren Jahrzehnten entfalten konnten. Die Arbeiterbewegungen waren in der Vergangenheit nicht nur wegen ihrer großen Mitgliederzahlen erfolgreich, sondern auch wegen ihrer Fähigkeit, den Wertschöpfungsfluss in der Wirtschaft zu unterbrechen. Früher hassten die Eliten linke Bewegungen genauso wie heute, aber damals hatten sie keine andere Wahl, als mit ihnen zu verhandeln. Das ist heute nicht mehr der Fall. Es ist nicht nur schwieriger, die Bewegungen zusammenzuhalten, sondern auch einfacher, sie in Schach zu halten, weil sie kaum über symbolische Protestaktionen hinausgehen.

Ihre Unwirksamkeit ist ein Grund dafür, dass die Initiativen und Organisationen der linken Antiausteritätsbewegung nicht zusammengehalten werden konnten. Ein weiterer Grund ist die mangelnde Bereitschaft, disziplinierte Debatten- und Entscheidungsstrukturen zu schaffen, wie sie sich die traditionellen Parteien auferlegt hatten. Ironischerweise war es gerade das Misstrauen gegenüber diesen Parteien, das den Wunsch nach offeneren, weniger strukturierten Organisationskulturen hervorgebracht hatte. Doch der bloße Wunsch nach einer bürokratiefreien Struktur reicht für politischen Erfolg nicht aus. In jeder Organisation, in der Entscheidungen zu treffen und Ressourcen zu verteilen sind, muss es Mechanismen für Beratungen und Diskussionen geben. Somit bleibt die Wahl, entweder einen expliziten Mechanismus zu schaffen, wie es sozialistische Organisationen in der Vergangenheit getan haben, oder ihn stets ad hoc zusammenzuflicken, was die heutigen Organisationen tun.

In Ermangelung starker Beratungs- und Entscheidungsmechanismen tendieren Organisationen zu einem von zwei Entwicklungspfaden: Entweder sie zerfallen in lokale autonome Grüppchen und sorgen damit für organisatorisches Chaos, oder sie verlassen sich auf Autoritätspersonen, deren Diktat dann demokratische Entscheidungsprozesse ersetzt. Die DSA und Momentum sind Beispiele für Ersteres, Podemos für Letzteres. Beide Fälle führen unweigerlich zu einer Enttäuschung und Demoralisierung der Mitglieder: Die Organisationen ziehen viele energiegeladene und motivierte Menschen an. Doch entweder empfinden sie schon bald die mangelnden Perspektiven und die endlosen Sitzungen als wenig sinnvoll oder aber sie sind schockiert von der Top-down-Entscheidungsfindung, die von einer kaum greifbaren Führungsriege ausgeht. Das Ergebnis ist organisatorischer Stillstand oder, häufiger, ein allmählicher oder auch plötzlicher Zusammenbruch.

Weg von den Rändern

So haben sich Richtung und Dynamik der jüngsten Mobilisierungswellen entwickelt. Das Ergebnis ist eine »Linke«, die weitgehend unwirksam ist und sich am politischen Rand bewegt. Während linke Politik einst mit den Interessen der großen Mehrheit der Bevölkerung gleichgesetzt wurde und universelle Themen aufgriff, wird sie heute eher mit Randthemen in Verbindung gebracht, mit dem jeweils aktuellen

Früher hassten die Eliten linke Bewegungen genauso wie heute, aber damals hatten sie keine andere Wahl, als mit ihnen zu verhandeln.

Steckenpferd elitärer Gesellschaftsschichten, die sich kaum für die Belange der arbeitenden Bevölkerung interessieren. All dies sollte nicht überraschen: Da die traditionellen Institutionen sozialistischer Politik unwirksam gemacht und in die Machtzentren absorbiert worden sind, ist es verständlich, dass gesellschaftliche Mobilisierungen an den Rändern der Gesellschaft stattfinden. Doch es wäre ein Fehler, aus der Not eine Tugend zu machen. Der einzige Weg zurück führt über die harte Arbeit der Organisierung in genau den Bereichen, die einst die Heimat der Linken waren.

Es gibt einige Anzeichen dafür, dass die aktuelle Linke der Tatsache ins Auge sieht, dass es keinen Weg zu früherer Stärke gibt, wenn sie sich nicht wie vor einem Jahrhundert in das Leben und die Institutionen der Arbeiterklasse einbetten kann. Dies zeigt sich sowohl in den öffentlichen und privaten Diskussionen in den neu entstehenden politischen Organisationen als auch in ihren Kampagnen. Die Slogans und programmatischen Wahlversprechen von Zohran Mamdani sowie die jüngsten Entwicklungen in der Linkspartei sind sehr ermutigend. Bislang handelt es sich jedoch weitgehend um eine kulturelle und rhetorische Wende.

Was noch nicht geschehen ist, ist die Wiederbelebung der Institutionen der Arbeiterklasse, die einst das Fundament linker Politik bildeten – die Parteien, die Gewerkschaften und die sozialen und zivilgesellschaftlichen Vereinigungen, in denen die arbeitenden Menschen als Klasse zusammenfanden. Während also die Kultur der Linken langsam zur Klassenpolitik zurückkehrt, ist ihre Aktivität nach wie vor weitgehend an sozialen Bewegungen orientiert.

Das traditionelle Modell der Klassenpolitik war bei Weitem nicht perfekt. Sowohl Gewerkschaften als auch Parteien legten eine lediglich verwaltende Haltung an den Tag und erwiesen sich als unfähig, dem neoliberalen Vormarsch Widerstand zu leisten. Doch ungeachtet ihrer Mängel haben diese Institutionen den sozialdemokratischen Wohlfahrtsstaat aufgebaut und sogar die revolutionären Aufstände des 20. Jahrhunderts angeführt. Es gibt absolut keinen Grund zur Annahme, dass eine Wiederbelebung der Linken auf einem anderen Weg erfolgen könnte.

Die Wirkungslosigkeit der derzeitigen Linken ist kein Zufall – sie ist das Ergebnis einer Organisationskultur und der Taktiken, die sie sich zu eigen gemacht hat. Wenn wir die kurzen Aufschwünge der letzten Jahre in dauerhafte gesellschaftliche Wirkmacht umwandeln wollen, müssen wir Wege finden, um zunächst die Organe wiederzubeleben oder neu aufzubauen, die sich in der Vergangenheit bewährt haben – und uns dann mit den Widersprüchen auseinandersetzen, die zu ihrer Entradikalisierung und ihrem Niedergang geführt haben.

Vivek Chibber ist Professor für Soziologie an der New York University, Herausgeber von *Catalyst: A Journal of Theory and Strategy* und Autor unter anderem von *Das ABC des Kapitalismus*, das bei Brumaire erschienen ist.

Politik geht durch den Magen

Ein solidarisches Sozialleben an der Basis ist Voraussetzung für eine Linke, die über kurzfristige Hypes hinaus erfolgreich sein will.

Raul Zelik

Illustration ◂ Marie Schwab

Wer kennt nicht das Gefühl – man sitzt bei Linken im Ausland oder einer migrantisch geprägten Organisation und beginnt sich zu wundern: Wieso ist man so freundlich zu mir? Warum fragt man, ob ich einen Tee oder Kaffee möchte? Weshalb sind Tische schön gedeckt? Ist das am Ende gar kein Parteilokal, sondern so etwas wie ein Restaurant? Während Parteibüros und linke Zentren in Deutschland von ungespültem Geschirr, verstaubten Plakaten, trockenen Sansevierien oder gar von Aktenwänden dominiert werden – also einem Ambiente, das zum Weggehen einlädt –, kann man sich das Politische anderswo offenbar auch sozialer vorstellen.

Besonders frappierend ist die Erfahrung für mich immer im Baskenland, wohin ich regelmäßig Bildungsreisen für Menschen aus Gewerkschaften oder der Rosa-Luxemburg-Stiftung organisiere. Schon der Umstand, dass die politische Linke dort in jeder Ortschaft ein soziales Zentrum mit Kneipenbetrieb unterhält, sorgt bei den Reisenden für großes Hallo. Ach, linke Zentren können offene Orte sein, an denen man Sandwiches isst und gemeinsam Musik hört?

Noch größer ist die Verwunderung, wenn erklärt wird, dass sich die sogenannten *Herrikos* (Volkshäuser – die der spanische Staat übrigens mithilfe von Anti-Terror-Gesetzen konfiszierte, aber trotzdem nicht aus der politischen Kultur zu entfernen vermochte) in Genossenschaftsbesitz befinden. Einige Dutzend politisch Aktive machen Einlagen, um ein Lokal anzumieten, und auch der Gastronomiebetrieb wird kooperativ, meist von Mitgliedern der Jugendorganisationen, getragen.

Das Erstaunen kulminiert, wenn die baskischen Gastgeberinnen und Gastgeber am Ende der Bildungswoche zum Abendessen einladen. Weil zwischen Pyrenäen und Atlantik zwar gern gemeinsam, aber eher ungern zu Hause gekocht wird, finden die Veranstaltungen in einer *Txoko* (»Ecke«) statt. Dabei handelt es sich um so etwas wie einen Gastronomieverein. Auch hier tun sich mehrere Dutzend Nachbarinnen und Nachbarn zusammen, um eine Großküche mit Versammlungsraum für etwa 100 Personen einzurichten. Auf diese Weise ist es möglich, sich in großer Runde zum Essen zu verabreden.

Noch vor der Mahlzeit, die im Baskenland selten aus weniger als vier Gängen besteht,

wird geschunkelt und gesungen – meistens Seemanns- oder Revolutionslieder. Damit die kollektiv genutzten Orte nicht verkommen, wird aus den Mitgliedsbeiträgen auch eine regelmäßige Grundreinigung finanziert.

Schon nach wenigen Tagen Bildungsaufenthalt stellen die deutschen Reisegruppen fest, dass zu essen, zu singen und zu trinken offenbar die erste und vielleicht sogar die wichtigste politische Organisierungsform der baskischen Linken ist. Das ist nicht nur vorteilhaft – denn mit einem starken Sozialleben geht auch immer eine gewisse Selbstbezüglichkeit einher. Dass Politik, Freizeit und Freundeskreis fließend ineinander übergehen, sorgt aber auch dafür, dass Solidarität erlebbar ist.

Auch in der deutschen Linken wurde das Soziale lange Zeit sehr viel bewusster gepflegt als heute. Die historische Stärke der alten Arbeiterbewegung erklärt sich in diesem Sinne nicht in erster Linie mit der Mitgliederzahl sozialistischer oder kommunistischer Parteien, sondern mit der Verankerung von Chören, Kneipen, Sportvereinen, Miet- und Konsumgenossenschaften im Alltag. Erst dort, wo das *social fabric* (das »soziale Geflecht«) existierte, konnte auch politische Organisierung entstehen.

Entsprechend hängt der Niedergang linker Parteien eng zusammen mit der Auflösung dieses Milieus. Die so häufig gescholtenen städtischen Alternativkulturen, die seit den 1970er Jahren in vielen Ländern entstanden, waren in gewisser Hinsicht eine Antwort darauf. Sie brachten neue widerständige Milieus hervor. Doch die Betonung der subkulturell-identitären Aspekte sorgte auch sofort wieder für eine Verschließung.

Zu essen, zu singen und zu trinken ist offenbar die erste und vielleicht sogar die wichtigste politische Organisierungsform der baskischen Linken.

Eine lebendige Sozialkultur lässt sich nicht erfinden, aber man kann sie pflegen. Und eine politische Strategie, die auf den Wiederaufbau sozialer Orte und Milieus setzt, ist längerfristig erfolgversprechender als die Fokussierung auf Medienpräsenz und schnelle Wahlerfolge. Auch hier ist der Blick nach Südeuropa übrigens lehrreich. Der rasante Aufstieg und Fall der Linksparteien Syriza und Podemos hatte auch damit zu tun, dass eine längerfristige Basisorganisierung, wie sie früher fester Bestandteil der politischen Praxis war, zurückgestellt wurde. Als der mediale Hype abebbte, stellte sich heraus, dass das schnelle Erfolgsversprechen die längerfristige Organisierung nicht ersetzen konnte.

Für die Linke in Deutschland, die jetzt nach langer Zeit erstmals wieder Rückenwind hat, ist das keine ganz unwichtige Lehre: Eine politische Organisierung, die nicht auf die eine oder andere Weise mit einem attraktiven Sozialleben einhergeht, hat wenig Substanz. Im Baskenland gibt es dafür eine griffige Formel: *Jaiak bai, borroka ere bai* – »Feiern ja, kämpfen auch.«

Raul Zelik ist freier Autor und Übersetzer. Bei der Tageszeitung *nd* kümmert er sich vor allem um Meinung, Internationales, Theorie und Interviews.

REPORTAGE

50.000 NEUE LINKE

Pauline Jäckels

Der Bundestagswahlkampf der Linken inspirierte zehntausende Menschen, in die Partei einzutreten. Wie werden sie an der Basis empfangen?

Fotografie ◄ **Helia Jafarzadeh**

Die Linkspartei steht vor einem Problem, das sich die Genossen noch vor einem Jahr nicht hätten erträumen können: über 50.000 Neumitglieder in nur sechs Monaten. Natürlich, die Verdopplung der Mitgliederzahlen seit Ende 2024 – damals waren es noch 58.000, heute sind es 115.000 – ist mehr Luxus als Problem. Denn der Hype um die Linke sorgte im Frühjahr nicht bloß für neue Einträge in der Mitgliederkartei oder einen Anstieg der Mitgliedsbeiträge. Es waren eben genau diese Neumitglieder, die im Bundestagswahlkampf 600.000 Haustürgespräche möglich machten, in ihrem Freundeskreis und auf Social Media für die Partei warben, kurz: die Linke wieder cool machten und damit maßgeblich zum 8,7-Prozent-Erfolg der Partei beitrugen.

Und hier das Problem – oder genauer die zwei Probleme, vor denen die Linke jetzt steht: Will sie den Hype, der vor der Bundestagswahl entstanden ist, für die kommenden Wahlen aufrechterhalten, dürfen die Neumitglieder nicht zu Karteileichen werden. Sie müssen dauerhaft in die Parteistrukturen integriert werden – Strukturen, die in vielen Kreisverbänden, wo es vor einem Jahr kaum noch aktive Mitglieder gab, gelinde gesagt marode sind.

Dazu kommt: Ein großer Teil der Neumitglieder ist jung, politisch unerfahren, und ob sie links im Sinne der Linkspartei sind, lässt sich noch nicht so sicher sagen. Das Spektrum ist zumindest groß – von Linksautonomen, die vergangenes Jahr bei einem Großaufruf aus der Szene beigetreten sind, über Menschen, die noch nie zuvor politisch aktiv waren, bis hin zu ehemaligen Aktiven von SPD und Grünen. Die Partei muss also diejenigen, die in den Parteistrukturen aktiv werden, »auf Linie bringen«, ohne die Neumitglieder direkt wieder zu vergraulen, oder sich mittel- und langfristig von neuen Linienkonflikten an der Basis überraschen lassen.

Wie läuft also knapp ein halbes Jahr nach der Bundestagswahl der Organisationsaufbau in der Linkspartei? Wer sind die neuen Aktiven und Nicht-Aktiven und welche Positionen bringen sie mit? Und wird die Linke »der großen Masse der Neumitglieder« tatsächlich ein »ABC des Marxismus« vermitteln, wie die Parteivorsitzende Ines Schwerdtner ankündigte?

Treffen sich drei Linke und gründen sechs Arbeitsgruppen

Wir stehen vor einem Jugendzentrum in Charlottenburg-Wilmersdorf, es ist Samstag und es ist heiß. An der roten Steinmauer des Gebäudes sind Hakenkreuze angemalt. »Hast du mal ’nen Edding?«, fragt eines der neuen Linkenmitglieder, das zur Aktivenkonferenz des Bezirksverbands gekommen ist und übermalt das

Lara

»Ich habe den Eindruck, dass wir uns angesichts der immer stärker werdenden rechten Strömungen an einem entscheidenden politischen Wendepunkt befinden. Dieser Entwicklung möchte ich nicht tatenlos zusehen – ich will aktiv dagegenhalten und mich für eine offene, solidarische und demokratische Gesellschaft engagieren.

Bisher habe ich bei keiner Partei das Gefühl gehabt, dass sie mein Wertesystem so konsequent widerspiegelt, dass eine Mitgliedschaft für mich infrage gekommen wäre. Anders bei der Linken.

Ich möchte mich in unserem Bezirkskreis Charlottenburg-Nord dafür einsetzen, konkrete positive Veränderungen anzustoßen – sowohl auf politischer als auch auf gesellschaftlicher Ebene.«

Nazisymbol: linke Minimalpraxis, auf die sich hier mit Sicherheit alle einigen können.

Charlottenburg-Wilmersdorf ist keine Nazihochburg; die AfD kam hier bei der Bundestagswahl gerade mal auf 8 Prozent. Hier regiert seit vielen Jahren die CDU, gefolgt von Grünen und SPD als zweit- und drittstärkste Kraft. Westberlin halt. Die Linke konnte ihr Ergebnis allerdings gegenüber der Bundestagswahl 2021 verdoppeln – von 5,6 auf 14 Prozent – und ihre Mitglieder in nur einem Jahr verdreifachen – von über 200 auf mehr als 800 Mitglieder.

Im Eingang des Backsteingebäudes geht es hektisch zu. Eine junge Frau baut ein Büfett mit etwa siebzehn verschiedenen selbstgekochten Speisen auf. Jemand aus dem Orga-Team trägt Colaflaschen rein – Palestinecola, eine der neuen Softdrinkmarken, die seit dem 7. Oktober als Alternativen zu Coca-Cola wegen Zusammenarbeit mit Israel aufgeploppt sind: linke Minimalpraxis, auf die sich hier schon nicht mehr alle einigen können, wie ich später erfahren werde.

Im großen Saal des Jugendzentrums haben sich etwa siebzig Leute versammelt. Sie alle sind hier, weil sie in den vergangenen Monaten der Linkspartei beigetreten sind, aber noch nicht so richtig wissen, wie sie sich einbringen können. Die Frage, warum sie sich bisher nicht an der Parteiarbeit beteiligt haben, beantworten eigentlich fast alle nach dem gleichen Schema: Bei der Bundestagswahl schien es um alles zu gehen, die Partei war wie elektrisiert, das hat motiviert. Danach kam eben das Leben dazwischen.

»Es ist am Anfang aber auch etwas kompliziert, sich in so einer Partei zurechtzufinden«, erzählt Linda, die vor ein paar Monaten in die Partei eingetreten ist. »Man muss erst mal verstehen, welche AGs es gibt, wer in welchem Gremium sitzt, und wo man als Mitglied wann seine Stimme abgeben kann«. Sie selbst war vorher nur bei der Initiative Deutsche Wohnen & Co. enteignen aktiv, da habe es solche starren Organisationsstrukturen nicht gegeben.

Auf der Aktivenkonferenz soll auf jeden Fall das Gegenteil von starren Strukturen vermittelt werden. »Hier ist alles ganz offen«, betonen die Organisatoren bei der Veranstaltungseinführung auf der Bühne circa siebenmal in zehn Minuten, als wollten sie allen Anwesenden unmissverständlich klarmachen, dass sie nicht bei einer Zwangsveranstaltung gelandet sind. »Jeder kann sich hier frei bewegen und kommen und gehen, wann er oder sie Lust hat. Wir haben ein paar Programmpunkte vorbereitet, aber ihr könnt auch in der Zeit einfach etwas anderes machen.«

Das Mittel der Wahl, um überhaupt erst Raum für neue Aktive zu schaffen, scheint die Gründung von Arbeitskreisen zu sein, die an der Linken-Basis derzeit wie Pilze aus dem Boden

Domenic

»Ich bin mit Hartz IV aufgewachsen und habe so schon früh soziale Ungerechtigkeit erfahren. In den letzten Jahren ist die Ungerechtigkeit noch größer geworden und mit der AfD und einer löchrigen »Brandmauer« der CDU sind noch ganz andere Gefahren für unsere Gesellschaft aufgetaucht. Spätestens als dann letztes Jahr mein Kind auf die Welt kam, wurde mir klar: Ich muss mehr machen, aktiver werden – damit mein Kind, unsere Kinder mehr als einen Scherbenhaufen von uns übernehmen.

Die Linke ist die erste Partei, der ich beigetreten bin, und auch seit Jahren die einzige Partei, die mich inhaltlich abholt.

Ich hoffe, dass ich helfen kann, dem Rechtsruck Einhalt zu gebieten, und will meinen Beitrag dazu leisten, dass soziale Themen und Menschen wichtiger werden als Unternehmen und Rendite. Und wenn wirklich alles den Bach runtergeht und die Faschos den Laden übernehmen, dann möchte ich zumindest ein reines Gewissen haben. Plan A bleibt aber, das zu verhindern.«

sprießen. Zuerst einmal gehe es darum, den Leuten irgendeine Verantwortung zu übertragen und sie einzubinden, erklärt mir ein Genosse, der schon etwas länger im Kreisverband aktiv ist. Auf Tischen im Saal verteilt präsentieren sich die Beschäftigungsmöglichkeiten den Teilnehmern: fünf Arbeitsgruppen, drei Arbeitskreisen, sieben Basisorganisationen, einem Stammtisch und der Jugendorganisation solid können sich die Charlottenburger Neumitglieder anschließen. Einen QR-Code für die jeweilige Telegram-Gruppe scannen – und schon ist man dabei.

Offen, aber nicht beliebig

Das Gebot der maximalen Offenheit bringt aber auch Schwierigkeiten mit sich. »Zum einen haben wir diese vielen neuen Mitglieder, die frei einbringen sollen und dürfen, wieso sie hier sind«, erzählt Thomas, der als Vorstandsmitglied für die Mitgliederarbeit im Bezirk mit zuständig ist. »Selbsterläuternd wird es dann, wenn es heißt: Wir kommen von der SPD oder von den Grünen.« Sehr oft komme das nicht vor, aber doch häufig. »Bei Dienstälteren löst das die Sorge aus: Werden wir jetzt beliebig?« Politische Beliebigkeit verhindern und gleichzeitig offen für alle sein – ein Balanceakt, der viele Basisverbände gerade beschäftigt.

Thomas ist seit anderthalb Jahren Bezirksmitglied. »Damals gab es einen Beitrittsaufruf der Interventionistischen Linken, um die Partei in ihrer größten Krise zu retten – für mich war es ein Ruf weg von der Couch und hin zum Politisch-wieder-aktiv-Werden.« Inzwischen gehört er schon zu den »alten Hasen« in Charlottenburg-Wilmersdorf.

»Wir Dienstälteren gehen sehr geduldig damit um, dass viele Neue ein bisschen anders ticken als wir, aber dann eben aufgrund des Rechtsrucks von SPD und Grünen doch am ehesten zur Linkspartei gehören.« Viele der Neumitglieder hätten überhaupt keine Erfahrung im politischen Denken. »Wenn die Positionen etwas diffus sind, nach dem Motto ›Ich will einfach ein bisschen mehr Menschenrechte‹, sagen wir: ›Okay, lass uns darüber mal reden, vielleicht brauchen wir doch mehr als nur ein paar Gesetze obendrauf‹.«

Um mit den diversen Herausforderungen umzugehen, hat der Bezirksverband zunächst das Format der Neumitgliedertreffen ins Leben gerufen. »Von über 600 Neumitgliedern, die innerhalb eines Jahres zu uns gestoßen sind, haben wir mindestens 400 in einem der Treffen gehabt.« Dort wird dann zum einen vorgestellt, wie die Partei aufgebaut ist, welche Gremien und Mitbestimmungsverfahren es gibt. Gleichzeitig geht es darum, die Neumitglieder kennenzulernen – warum sie beigetreten sind, welche politischen Perspektiven und Interessen sie mitbringen. »Bei

Çağla

»Ich bin vor knapp zwei Monaten der Linken beigetreten, war aber schon länger in der Landesarbeitsgruppe Tierrechte aktiv. Nächste Woche werde ich das Sprecherinnenamt für Tierrechte in der LAG Berlin übernehmen.

Ich möchte Themen wie Veganismus, Animal Liberation und Intersektionalität vorantreiben und mich klar mit Palästina solidarisieren.

Ich wünsche mir, dass wir unsere Kämpfe an der Basis bündeln und gemeinsam Druck auf die Parteispitze ausüben, damit sie endlich eine klare und glaubwürdige Haltung zu Gaza einnimmt.«

ganz Neuen kommt da in der Regel nicht allzu viel. Meistens haben die Leute noch gar nicht viel Politik gemacht, haben nur wenig Zeit ihres Lebens politisch denkend verbracht«, erklärt Thomas.

Junge Frauen und alte Männer

Liest man über die Neumitglieder der Linken, fallen meist die drei Adjektive: jung, weiblich, urban. Das deckt sich mit den Statistiken des Parteivorstandes. Demnach ist der Bundesdurchschnitt der Neumitglieder wesentlich jünger und weiblicher – die meisten sind, wie zu erwarten, in den Städten beigetreten. Erstmals in der Geschichte der Linkspartei zählen westdeutsche Verbände mehr Mitglieder als ostdeutsche.

Hin zu einer Arbeiterpartei, die die Linke nach Vorstellung der Parteivorsitzenden werden soll, ist es also noch ein weiter Weg. Junge linke Akademikerfrauen in Großstädten, wie sie mir überwiegend begegnet sind, sind so ziemlich das exakte gesellschaftliche Gegenteil des klassischen Industriearbeiters, dem sich die Partei dafür zuwenden müsste.

Auch bei der Aktivenkonferenz in Charlottenburg sind junge Frauen zwischen 23 und vierzig in der Mehrheit. Charlotte, Mitte zwanzig, erzählt mir, sie sei früher bei der Grünen Jugend aktiv gewesen, sei dann aber der Linkspartei beigetreten, weil deren Klimaforderungen konsequenter gewesen seien. Für Linda war ihre Palästinasolidarität Hauptgrund, in der Partei aktiv zu werden: »Was dazu von der Linken kam, war zwar am Anfang nicht genug, aber sie war die einzige der größeren Parteien, die überhaupt Kritik geübt hat an der israelischen Kriegsführung und gegen die Waffenlieferungen war.«

Draußen vor der Tür erzählt mir eine andere junge Frau, sie mache sich Sorgen über »antisemitische Tendenzen« in ihrer Partei. Sie wolle sich insbesondere nach dem Austritt der israelsolidarischen Fraktion um den ehemaligen Berliner Linke-Vorsitzenden Klaus Lederer für mehr Sensibilität beim Thema Antisemitismus einsetzen. Innerhalb des linken Spektrums und auch in Teilen der Linkspartei beobachte sie eine merkwürdige Allianz »zwischen Linken und Islamisten«. Wann für sie persönlich die Grenze des Tragbaren überschritten ist? Darüber müsse sie sich noch Gedanken machen. Eigentlich habe es solche Momente schon längst gegeben, überlegt sie – etwa als der Linken-Parteitag in Chemnitz die Jerusalem-Definition für Antisemitismus beschloss.

Bei der Aktivenkonferenz in Charlottenburg sticht neben jungen Frauen zwischen zwanzig und 35 noch eine zweite Gruppe heraus: Männer über fünfzig. Sie stehen eher im Hintergrund, geben hier nicht den Ton an, wie man es aus eigentlich allen anderen Parteien gewohnt ist.

Caro

»Ich bin im Januar der Linken beigetreten, weil das die einzige Partei ist, die sich für soziale Gerechtigkeit einsetzt und dem Rechtsruck klar entgegensteht. Ich finde es bewundernswert, dass die Abgeordneten ihre Gehälter begrenzen, soziale Sprechstunden anbieten und somit die Belange der Bürgerinnen und Bürger nicht aus den Augen verlieren.

Klimapolitik ist ein Herzensthema von mir, daher war ich ein paar Jahre bei den Grünen. Die Linke hat im letzten Wahlprogramm jedoch eindeutig mehr und ambitioniertere Ziele aufgeführt als jede andere Partei. Zudem waren viele Abgeordnete auf Klimaprotesten unterwegs, um uns Protestierenden als parlamentarische Beobachter beizustehen – Abgeordnete anderer Parteien waren dort nie anzutreffen.

Ich möchte mithelfen, den frustrierten Bürgerinnen und Bürgern eine Alternative zu geben, die sich wirklich um ihre Alltagssorgen kümmert. Daher freue ich mich schon sehr auf viele Haustürgespräche.«

Einer von ihnen ist Winfried. Auf die Frage, wo er herkommt, antwortet er: »Ich bin ursprünglich Trotzkist.« Viele Jahre lang hat er bei Siemens im Betrieb gearbeitet, ist Gewerkschaftsmitglied. Die Abwehrkämpfe gegen tausende Stellenkürzungen in den 2000er Jahren haben ihn politisch geprägt. »Da habe ich verstanden, wie stark die großen Gewerkschaften von Sozialdemokraten dominiert sind. Es wird zwar immer wieder ein bisschen was für die Belegschaft rausgeholt – für fundamentale Veränderung kämpft man aber nicht.«

Gewerkschaftsarbeit brauche politische Verankerung, weiß Winfried. Die Linkspartei habe er bisher nur nicht wirklich im Gewerkschaftskontext wahrgenommen – um das zu ändern, ist er Mitglied geworden. »Ich hatte den Eindruck, dass sehr viel mehr Bewegung in der Partei ist und dass es Interesse gibt, mehr Gewerkschaftspolitik zu machen. Noch habe ich wenig davon mitbekommen, muss ich ehrlich sagen.« In der Partei setze man vor allem auf Organizing, um in den Betrieben um neue Mitglieder zu werben. Entscheidend sei es aber, dass man die wichtigen Gremien in den Gewerkschaften richtig besetzt. Winfried ist als waschechter Arbeiter quasi Bilderbuchmitglied – zumindest für den Teil der Partei, der aus ihr eine freundlich-sozialistische Arbeiterpartei machen will.

Die Aktivenkonferenz ist dann der nächste Schritt, um Leute, die schon mal bei einem Neumitgliedertreffen waren, aktiv zu halten. Zusätzlich sollen die Neumitglieder mit Bildungsformaten an linke Inhalte herangeführt werden. Dafür wurde etwa das Format »Elsa und Schlau« entwickelt, wo es um unterschiedliche linke Themen wie antifaschistische Wirtschaftspolitik oder das Leben von Rosa Luxemburg geht. Hierfür lädt der Bezirksverband Referenten aus der Rosa-Luxemburg-Stiftung ein.

Doch nur ein Lesekreis

Und was ist mit den Marxistischen Grundschulungen, die der Parteivorstand nach der Wahl angekündigt hat? An der Umsetzung in der breiten Fläche hapert es noch – wahrscheinlich auch deshalb, weil im Karl-Liebknecht-Haus nur zwei Leute für den Bereich Bildung verantwortlich, und, wie ich aus Parteikreisen erfahren habe, überlastet sind mit der Aufgabe, mehrere neue Bildungsformate flächendeckend auf die Beine zu stellen.

In Charlottenburg-Wilmersdorf läuft das Format allerdings schon, aus Eigeninitiative organisiert. Falls gerade der Verfassungsschutz mitliest: Die Angst, dass gerade eine ganze Generation junger Linken-Mitglieder zu waschechten Marxisten ausgebildet wird, scheint eher unbegründet – also zumindest, wenn das mit der Marx-Grundschulung in allen Kreisverbänden so läuft wie in Charlottenburg-Wilmersdorf.

Es sind Räume, in denen sich ehemalige Trotzkisten und Grüne, Studentinnen und Gewerkschafter begegnen – vereint durch eine Partei, die sich selbst erst wieder finden muss.

600k

– an so viele Haustüren hat die Linke im Bundestagswahlkampf geklopft.

Von über 800 Bezirksmitgliedern sind an diesem Montagabend nur fünf Personen da, um sich, im Kreis sitzend, in einem mit altem Teppichboden belegten und mit grellem Neonlicht beleuchteten kleinen Raum von Norbert die marxsche Arbeitswerttheorie erklären zu lassen. Na gut, es sind 29 Grad draußen. Zu Beginn des Kurses seien es aber auch nur ein Dutzend Teilnehmende gewesen.

Norbert ist 76, war vor seiner Rente Geschichtslehrer. Im Gespräch wirkt er wie eine Art linker Universalgelehrter – so schafft er es, die Frage, wie man im Kreisverband mit Konfliktthemen wie Gaza umgeht, auf Entwicklungen des tatsächlichen Nahostkonflikts in den 1970er Jahren zu kommen.

An einer weißen Pinnwand hat Norbert bunte Karten aus einem Präsi-Koffer, beschriftet mit den wichtigsten Begriffen der Arbeitswerttheorie, angebracht. In Kleinstgrüppchen sollen die Marxkenner in spe untereinander klären, was der Unterschied zwischen notwendiger Arbeit und Mehrarbeit ist. Nur der eine Typ, der glaubt, Marx schon längst verstanden zu haben, ist überzeugt, ihn zu kennen. Alle anderen gehen offen damit um, dass sie aus der Lektüre des Kapitals nicht schlau geworden sind, oder einfach keine Zeit hatten, zu lesen.

Am Ende der Unterrichtseinheit öffnet Norbert die Diskussionsrunde: »Wenn jeder Teil der profitbasierten Wertschöpfungskette, also die Ausbeutung, die mit dem kapitalistischen Wirtschaften einhergeht, legal ist, wie können wir als Linke trotzdem dagegen argumentieren?« Man würde sich schon wünschen, dass sich Linke zumindest darauf einigen können, dass diese Frage Ausgangspunkt für linkes Wirken ist.

Nur mit diesem Bewusstsein könnte man Ex-Grünen klarmachen, dass »ein bisschen mehr Menschenrechte« oder ein paar regulierende »Gesetze obendrauf« die Probleme dieser Welt aus linker Sicht nicht lösen. Aber dafür muss man eben irgendwann mal einen Marx-Lesekreis besucht haben. Und das machen am Ende dann doch nur fünf von 800. Das Format, mit dem man die parteilinken Massen für Marx begeistert, muss offenbar erst noch geschaffen werden.

Die Basis lebt, ob mit oder ohne Marxismus

Dass sich nur ein paar wenige in den Marx-Lesekreis verirren, ist zwar bedauerlich, aber vielleicht erst einmal keine Tragödie. In Charlottenburg-Wilmersdorf – wie in vielen anderen Kreisverbänden – ist etwas gelungen, das weit über ideologische Schulungen hinausgeht: Die Euphorie der Bundestagswahl wurde in reale politische Strukturen übersetzt, in neue Räume, in denen sich Menschen zum ersten Mal als politisch handlungsfähig erleben.

Es sind Räume, in denen sich ehemalige Trotzkisten und Grüne, Studentinnen und Gewerkschafter begegnen – vereint durch eine Partei, die sich selbst erst wieder finden muss. Und doch ist da ein Funke, der sich nicht messen lässt in AG-Anzahl oder Marx-Kenner: eine neue, etwas chaotische, aber spürbare politische Lebendigkeit, die noch vor zwei Jahren undenkbar gewesen wäre. Was daraus wird, entscheidet sich nicht im Karl-Liebknecht-Haus oder im Bundestag, sondern hier: irgendwo zwischen Telegram-Gruppen, Bezirksstammtischen, Sommerfesten und siebzehn Arbeitskreisen. Im besten Fall reicht es aus, um bei der Berlinwahl 2026 auf Platz eins zu landen. Was danach geschieht, wird dann aber doch im Karl-Liebknecht-Haus entschieden. ◘

Pauline Jäckels ist Journalistin und Redakteurin im Meinungsressort der *Taz.*

Mitten im Rechtsruck entwickelt die Berliner Mietenbewegung Alternativen zur Hetze. Sie setzt Vergesellschaftung gegen Marktradikalismus und gewinnt dafür Mehrheiten. *Das laute Berlin* von Ralf Hoffrogge zeigt, wie die Mietenkrise zum demokratischen Aufbruch wurde.

»Wohnkonzerne schaffen Regionen, wo Menschen ohne Besitz bald nur noch der Knast sicher Quartier bietet. Berlin gibt im Widerspruch dagegen den Ton an. Tragt diesen Lärm in alle Städte!«

— Dietmar Dath, *Autor & FAZ-Redakteur*

»Eine Geschichte über Leute wie Du und ich, die mit Topfdeckeln und Volksentscheiden Dax-Konzerne vor sich herjagen. Wir brauchen mehr solcher Erzählungen.«

— Christian Baron, *Autor*

»Das Buch ist ein herausragendes Beispiel praktisch-eingreifender Wissenschaftlichkeit und es liest sich spannend wie ein Krimi.«

— Michael Heinrich, *Politikwissenschaftler*

»Wer verstehen will, wie widerständige Organisierung zementierte Verhältnisse zum Tanzen bringen kann, kommt an diesem Buch nicht vorbei.«

— Sabine Nuss, *Publizistin, Podcasterin & Autorin*

»Berlin kann sich bald keiner mehr leisten, denn die Mieten haben sich in schwindelerregende Höhen geschraubt. Ralf Hoffrogge schildert, wie es dazu kam; wie darum gekämpft wird, dass es nicht so bleibt, und warum Vergesellschaftung der beste Weg ist, die Stadt zu retten – fundiert, sachlich und auf angenehm zu lesende Weise. Ein wichtiges Buch in dieser Zeit.«

— Iris Hanika, *Autorin & Trägerin des Hermann-Hesse-Literaturpreises*

»Wer wissen will, wie es mitten in der neoliberalen Metropole Berlin dazu kam, dass eine Mehrheit der Bevölkerung die Vergesellschaftung ihrer Wohnungen einfordert, lese dieses Buch. Detailliert und mit umsichtigen Einblick in die Dynamik der Bewegung schreibt Ralf Hoffrogge die Geschichte der bisher mächtigsten Kampagne um die Wohnungsfrage im 21. Jahrhundert.«

— Ulrike Hamann-Onnertz, *Geschäftsführerin des Berliner Mietervereins*

»Gut informierte Geschichten aus dem Maschinenraum der Vergesellschaftungskampagne, sachkundige Einordnungen der Berliner Wohnungspolitik und eine Liebeserklärung an die Mieter*innenbewegung in Berlin. Historiker Ralf Hoffrogge zeigt: Geschichte wird nicht nur geschrieben, sondern gemacht.«

— Andrej Holm, *Stadtsoziologe*

BUCHPREMIERE AM 15.09.2025 IN BERLIN

«linksbündig» in Kooperation mit der Rosa-Luxemburg-Stiftung: **Andrej Holm, Katalin Gennburg** und **Patricia Machmutof** im Gespräch mit dem Autor **Ralf Hoffrogge.**

Glaubwürdigkeit hat ihren Preis

Loren Balhorn

Im Angesicht des Genozids in Gaza muss jede linke Partei eindeutig auf der Seite der Opfer stehen – auch zum Preis kurzfristiger politischer Rückschläge.

Ein Wahlplakat der Linken zur Bundestagswahl 2025.

»Zu sagen was ist«, so wird Rosa Luxemburg oft zitiert, »bleibt die revolutionärste Tat«. Sie hatte damit nicht Unrecht – aber sie war auch nicht besonders originell. Die Grundidee, dass linke Parteien nur so gut sind wie ihr Wort, reicht bis zu den Anfängen der Bewegung zurück. Tatsächlich bezieht sich das berühmte Luxemburg-Zitat auf einen Vortrag des frühen Arbeiterführers Ferdinand Lassalle, der 1862 erklärte: »Alle große politische Aktion besteht in dem Aussprechen dessen, was ist, und beginnt damit. [...] Alle politische Kleingeisterei besteht in dem Verschweigen und Bemänteln dessen, was ist.«

Was auf den ersten Blick wie eine linke Selbstverständlichkeit erscheint, hat seit dem überraschenden Wiedereinzug der Linken in den Bundestag neue Relevanz gewonnen. Denn obwohl die Partei sich – zu Recht – als das soziale Gewissen der Bundesrepublik hinstellt, hält sie sich in einer der zentralen Fragen unserer Zeit auffallend bedeckt: Gaza.

Während des Wahlkampfs hielt sich die Partei in außenpolitischen Fragen bewusst zurück, um eine weitere Fragmentierung ihrer Basis zu vermeiden. Die Ausklammerung des Gaza-Krieges zu einem Zeitpunkt, als die israelischen Angriffe bereits über 40.000 Menschen getötet hatten, darunter vermutlich die Mehrheit Zivilisten, mag moralisch bedenklich gewesen sein. Aber die taktische Überlegung dahinter war offensichtlich. Jedenfalls schaffte es die Partei, ihr Wahlergebnis um mehr als 2 Millionen Stimmen zu verdoppeln und zu sichern, dass es überhaupt noch eine linke Opposition im Bundestag gibt.

Weniger offensichtlich ist aber, warum die Partei diese kurzfristige Taktik nach der Wahl anscheinend zu einer langfristigen Strategie gemacht hat – obwohl die überwiegende Mehrheit der Bevölkerung und insbesondere die Linken-Basis eine härtere Gangart gegenüber Israel befürworten. Angesichts des Fehlens kritischer Stimmen in den Medien und im Parlament, ganz zu schweigen von der brutalen Repression gegen pro-palästinensische Proteste in der Hauptstadt, wurde das Thema der Linkspartei praktisch auf dem Silbertablett serviert. Doch sie zögerte weiterhin.

Im Juni schien sich das Blatt zu wenden, als der Parteivorstand nach 19 Monaten Vernichtungskrieg verkündete, dass es langsam reichte: »Der Krieg in Gaza muss in die deutsche politische Öffentlichkeit getragen werden«, und zwar in Form einer Großdemonstration in Berlin. Wer jedoch glaubte, hier sei eine strategische Kehrtwende eingeleitet worden, wurde schnell enttäuscht: Nach wochenlangem Schweigen gab die Partei bekannt, die Demonstration werde auf den Herbst verschoben. Einen Monat später erfuhr man, auf wann genau: den 27. September, fast zwei volle Jahre nach Kriegsbeginn.

Obwohl Insider berichten, dass die Verzögerung weniger von der Linkspartei als vielmehr von den linksliberalen NGOs ausging, mit denen die Partei eine Gaza-Demonstration »ohne Hamas-Fahnen« organisieren wollte, bleibt die Frage: Warum sollte eine sozialistische Partei, die sich für Internationalismus und eine unabhängige Arbeiterpolitik einsetzt, NGOs zum Maßstab ihres politischen Engagements machen? Warum nicht als Bundespartei an den bestehenden Pro-Palästina-Demonstrationen teilnehmen oder zumindest eine eigene Kundgebung abhalten, wie es das BSW inzwischen getan hat?

Wie um zu unterstreichen, wie uneindeutig die Partei in dieser Frage steht, stimmten Ende Juni Linken-Landtagsabgeordnete in Sachsen *gegen* einen Antrag des BSW, der einen Exportstopp von Waffen nach Israel forderte. Nun haben die sächsischen Genossen schon immer eine ausgeprägtere Loyalität gegenüber der deutschen Staatsräson bewiesen als ihre Bundespartei. Auch war dieser Alleingang sicherlich nicht mit der Parteiführung abgesprochen. Doch er weist auf eine grundlegendere Gefahr hin, mit der die parteipolitische Linke in Deutschland heute konfrontiert ist: nämlich ihre langfristige Glaubwürdigkeit zugunsten kurzfristiger Gewinne zu opfern.

19

Monate hat es gedauert, bis der Parteivorstand der Linken entschied, den Gaza-Krieg in die politische Öffentlichkeit zu tragen.

Denn momentan steht die Linkspartei – trotz einer formell palästinasolidarischen Position und den Bemühungen vieler Mitglieder – de facto außerhalb der derzeit wohl größten linken Mobilisierung der Welt. Während ihre Schwesterparteien in anderen Ländern sich an die Spitze dieser Bewegung stellen, hinkt die Linke hinterher. Eine kleine, aber laute Minderheit in der Partei greift die Solidarität mit den Palästinensern sogar aktiv an, ohne mit Konsequenzen rechnen zu müssen.

Es mag stimmen, dass Außenpolitik keine Wahlen gewinnt – aber sich heute, etwa dreieinhalb Jahre vor der nächsten Bundestagswahl, für Palästina einzusetzen, sollte sowieso keine Frage des Wahlkalküls sein, sondern eine der Grundhaltung. Meint die Partei es ernst mit ihrem Anspruch, die Gesellschaft radikal zu verändern, wird sie mit viel mehr Gegenwind rechnen müssen als bei Gaza. Wenn sie aber jetzt schon bei jeder *Bild*-Anfrage zurückrudert, wie soll man erwarten, dass dies in Zukunft anders wird? ❐

Loren Balhorn ist Editor-in-Chief von *Jacobin*.

Meint die Partei es ernst mit ihrem Anspruch, die Gesellschaft radikal zu verändern, wird sie mit viel mehr Gegenwind rechnen müssen als bei Gaza.

▲ Eine Luftaufnahme von Gaza-Stadt aus dem August 2025.
Lebensmittel werden an die hungernde palästinensische Bevölkerung verteilt.

Massenpolitik fürs Abozeitalter

Es gibt keinen Weg zurück zur Organisationskultur des 20. Jahrhunderts. Die Politik der Sozialen Netzwerke hat sich als Sackgasse erwiesen. Aber vielleicht ist da ein Mittelweg.

Anton Jäger

Übersetzung ◂ **Tim Steins**
Illustration ◂ **Marie Schwab**

Ist die Ära der Hyperpolitik vorbei? Anfang des Jahres behauptete der US-amerikanische Essayist Ross Barkan dies jedenfalls in einem Artikel für die *New York Times*. Seiner Meinung nach erleben wir im Jahr 2025 das Ende des politischen Aktivismus der 2010er Jahre, als kurzlebige Protestausbrüche *nicht* in dauerhafte Organisation oder Parteiarbeit mündeten. Für Barkan waren die Großdemonstrationen gegen Trump nach dessen erstem Wahlsieg typisch für Hyperpolitik: Zwar gingen Hunderttausende, wenn nicht Millionen auf die Straße, doch man schaffte es nicht, eine neue Art des zivilgesellschaftlichen Engagements oder eine neue Parteistruktur aufzubauen, die den Widerstand hätte aufrechterhalten können. »Leb wohl, Widerstand«, schrieb Barkan daher im Januar 2025 und fragte: »Wo ist all die Anti-Trump-Energie geblieben?«

Bei der Linken, so scheint es, hat sich diese Energie in eine konstruktivere Richtung gewendet: Ereignisse wie der Sieg von Zohran Mamdani bei den Primaries in New York oder der massive Mitgliederzuwachs bei der deutschen Linkspartei zeigen, dass Protest ohne politische Konsequenzen offenbar nicht mehr angesagt ist.

Wenn dies wirklich der Fall ist, wäre es eine bemerkenswerte Abkehr von früheren Trends. Schließlich sind die Mitgliederzahlen von politischen Parteien und Gewerkschaften in den vergangenen zehn Jahren kontinuierlich gesunken. Wo politische Parteien früher eine breite Basis in der Zivilgesellschaft und zahlreiche Mitglieder hatten, verloren Parteien links wie rechts massiv an Mitgliedern. Während das institutionalisierte Engagement in der Politik also einen Tiefpunkt erreichte, stieg der Aktivismus in anderer Hinsicht spektakulär an, nämlich bei der Teilnahme an Protesten.

Über das gesamte politische Spektrum hinweg erlebte Europa eine chaotische, unkontrollierbare Rückkehr von Protestbewegungen – allerdings in Formen, die mit den Modellen des vergangenen Jahrhunderts nur schwer zu vergleichen sind. Als Kontrast können die 1920er und 1930er Jahre dienen, in denen Kräfte der radikalen Rechten und Linken um die Gestaltung der Weimarer Republik rangen. Politisch aktiv zu sein bedeutete damals, in Institutionen engagiert zu sein: Politik außerhalb von organisierten Parteien, Räten oder auch paramilitärischen Verbänden war unvorstellbar.

Re-Politisierung ohne Re-Institutionalisierung

Wie der Journalist Vincent Bevins zusammenfasst, war das »Jahrzehnt der Proteste« der 2010er Jahre die längste und intensivste Phase von Protestaktionen in der Geschichte der Menschheit. Gleichzeitig wuchs die Zahl der Personen, die an Wahlen teilnahmen, stetig. Die Wahlbeteiligung bei den US-Präsidentschaftswahlen 2020 war zum Beispiel so hoch wie nie zuvor in der Geschichte der Vereinigten Staaten, und sogar bei den EU-Parlamentswahlen gab es einen Anstieg.

Die Gründe dafür sind leicht auszumachen: Einerseits die Finanzkrise von 2008, die die ökonomische Basis der postpolitischen Ära der 1990er Jahre ins Wanken brachte, aber andererseits auch die neuen Mobilisierungsmöglichkeiten des Internets, durch die die Kosten für politische Meinungsäußerung und Mobilisierung drastisch gesunken sind. Die jüngsten Bundestagswahlen in Deutschland haben diese Tendenz verdeutlicht. Die Parteien gaben Rekordsummen für Social Media aus und bauten digitale Basisstrukturen auf, wo sie früher noch lokale Wahlkämpfer und Parteizentralen unterhalten mussten. Heute sind die sozialen Medien für junge wie ältere Menschen Orte der Politisierung.

Doch wie ist zu erklären, dass es bisher zu keiner Re-Institutionalisierung kam? Hier lassen sich zwei Dimensionen beobachten – die erste vertikal, die zweite horizontal. Die erste ist die harte Grenze, die es für kollektives Handeln in unserem Jahrhundert gibt. Dies reicht von effektiven Verboten für die Gründung von dritten Parteien oder Gewerkschaften in den USA bis hin zur Konzentration der politischen Macht in den Händen von nicht gewählten Technokraten in der EU. Allerdings sind derartige harte Grenzen nichts Neues und im 19. und 20. Jahrhundert gab es sehr viel kollektives Handeln in deutlich raueren Verhältnissen.

Vielleicht lässt sich die heutige Trägheit daher durch einen anderen Faktor erklären: Horizontal gibt es völlig neue Hindernisse, in der Form von

»Aussteiger«-Optionen im Internet bis hin zu Selbsthilferatgebern, die die Menschen davon überzeugen, dass kollektive Probleme durch individuelle Ansätze gelöst werden können. Die Überwindung der Hyperpolitik muss daher bedeuten, sich gegen diese beiden Dimensionen zu behaupten – gegen die Hemmnisse für kollektives Handeln von oben wie von unten.

So ist die letzte Bundestagswahl noch aus einem anderen Grund interessant: Zuvor hatten Protestwellen normalerweise nicht zu einem Anstieg der Parteimitgliedschaften oder einer Stärkung der institutionellen Infrastruktur geführt. In diesem Wahlzyklus hat sich dies aber geändert. Gleichzeitig konzentriert sich der Anstieg der Parteimitgliedschaften nach wie vor stark auf junge, urbane und oft auch hochgebildete Menschen. Vor einem Jahrzehnt hat eine ähnliche Gruppe den ersten Bruch mit der postpolitischen Ordnung eingeleitet: Erinnern wir uns an 2016, als die Labour Party unter Jeremy Corbyn zur größten Partei Westeuropas mit über einer halben Million Mitgliedern wurde. Es schien dabei nicht nur um Protest zu gehen – vielmehr sah es wie ein Revival der linken Massenpolitik in Großbritannien aus.

Der Optimismus hielt aber nicht lange an. Zum einen war die Bindung der neuen Mitglieder an die traditionelle Labour Party nicht sonderlich stark. Gleichzeitig wurde die Partei nie wirklich demokratisiert, und die Parteielite konnte schnell wieder für Disziplin sorgen, als sich die öffentliche Meinung drehte. Das war die strukturelle Grenze, die die hyperpolitische Ära dem damaligen »Corbynismus« setzte: Es war eine Zeit, in der die Menschen in Großbritannien sich wieder bereit zeigten, ihre individuelle Wut in kollektives Handeln umzusetzen, doch ihre Mittel dafür waren einfach zu schwach.

Die aktuelle Eintrittswelle bei der deutschen Linkspartei scheint einen ähnlichen Wunsch

Politik außerhalb von organisierten Parteien, Räten oder auch paramilitärischen Verbänden war in den 1920er und 1930er Jahren unvorstellbar.

nach einer Politik zu reflektieren, die weniger flüchtig und vergänglich ist als die Pop-up-Modelle, die wir aus den 2010er Jahren kennen. Die Linke hat es geschafft, auf einer Welle der Unzufriedenheit sowohl mit der radikalen Rechten als auch mit der autoritären Drift des Liberalismus zu reiten. Doch dieses Momentum kurzzeitig zu nutzen, bedeutet nicht, dass man automatisch zu einer nachhaltigeren und geduldigeren Form der Politik zurückfindet.

Bei der Massenpolitik vergangener Jahre ging es schließlich um mehr als nur darum, auf aktuellen Wellen zu reiten. Vielmehr wollte man beständige Archen, widerstandsfähige Schiffe bauen, die in stürmischen Gewässern und in jeder Großwetterlage navigieren oder im Falle eines notwendigen Rückzugs als sicherer Hafen dienen können. Die Besatzung dieser Schiffe war diszipliniert, gut ausgebildet und in der Lage, längere Reisen zu überstehen. Sie war auch gesellschaftlich divers und reichte über die Grenzen einer vom Abstieg bedrohten Mittelschicht hinaus bis zu anderen Berufsgruppen, die direkten Einfluss auf unterschiedlichste Arbeitsbereiche hatten. Auch in solchen Organisationen mag es immer Anführer und Angeführte geben – wie Oligarchie-Theoretiker gerne betonen –, aber diese Positionen müssen nicht zwangsläufig fest oder festgefahren sein und können von der Besatzung jederzeit wieder revidiert werden.

Zeit für neue Schiffe

Wie könnten solche Schiffe für das 21. Jahrhundert aussehen, frei von nostalgischen Anmaßungen oder spalterischen Wunschvorstellungen? Da die Hürden für eine dauerhafte politische Beteiligung heute tatsächlich hoch sind, müssen die Chancen für eine Neubelebung zuerst im Alltag gesucht werden – also dort, wo Menschen noch regelmäßig mit anderen in Kontakt kommen und gemeinsame Anliegen offensichtlich sind. Im früheren Industriezeitalter war dies vor allem in den großen Fabriken der Fall. Die Auflösung dieser Welt ist und bleibt der Ausgangspunkt für linke Strategie im 21. Jahrhundert.

Unter dem Eindruck, dass diese Industriearbeit an Relevanz verloren hat, setzten einige

auf die Pflegearbeit. In einer Zeit mit prekären Beschäftigungsverhältnissen und deutlich mehr Homeoffice haben viele keinen persönlichen Kontakt mehr zu Kolleginnen und Kollegen, aber sie müssen nach wie vor ihre Kinder in die Kita bringen oder ihre Eltern im Altersheim besuchen. So hat der durchschnittliche Westeuropäer heute vermutlich mehr Kontakt zu Pflegepersonal als zu Gewerkschaftsvertretern am Arbeitsplatz. Die Corona-Pandemie hat die verheerenden Auswirkungen der Austeritätspolitik in vielen dieser Einrichtungen sowie die dringende Notwendigkeit entsprechender politischer Maßnahmen offenbart.

Ein weiterer Ansatzpunkt könnte in der Nachbarschaft liegen, wo die Auswirkungen von Gentrifizierung und steigenden Immobilienpreisen hautnah zu spüren sind. Ganzen Bevölkerungsschichten wird angemessener Wohnraum verwehrt, während sich einige wenige an den Früchten der Immobilienspekulation laben. Kampagnen wie Deutsche Wohnen & Co. enteignen oder Barcelona en Comú zeigen zumindest, dass es Anlässe und Erfahrungen im Alltagsleben gibt, aus denen sich allmählich wirksamere Formen der Mitbestimmung herausbilden können.

Trotzdem sollte man die Bereiche Produktion und Vertrieb nicht abschreiben. Die Arbeitswelt bleibt der Ort, an dem Mehrwert produziert wird und ökonomische Interessen direkt aufeinanderprallen. Im Gegensatz dazu können Eltern und Mieter nur auf den Staat hoffen, dessen Handeln wiederum davon abhängt, dass die kapitalistischen Eliten gewillt sind, Vermögen umzuverteilen. Vielleicht ergeben sich gerade jetzt, wo überall in den OECD-Staaten von »Reshoring«, Green New Deals und Industriepolitik geredet wird, Chancen für längerfristige Mobilisierungen.

Heutzutage scheint es fast unmöglich, straffe und disziplinierte Organisationen aufrechtzuerhalten: Entweder geben sie der Unbeständigkeit der heutigen Öffentlichkeit nach und werden von der Flut mitgerissen, oder sie zerfallen aufgrund ihrer institutionellen Trägheit. In Anlehnung an die Herde computeranimierter Dinosaurier, die am Ende von Stephen Spielbergs *Jurassic Park* eine paläontologische Ausstellung stürmen und die Skelette ihrer ausgestorbenen Artgenossen zertrampeln, bemerkte der französische Soziologe Jean Baudrillard einst, die Menschheit sei selbst »zwischen ihren Fossilien und ihren Klonen gefangen«. Wenn man Baudrillards Vergleich weiterdenkt, erscheint auch die Wiederbelebung der Massenpartei wie eine genomische Rekonstruktion eines Mammuts aus Proben, die man im sibirischen Permafrostboden gefunden hat: Hier wird ein uraltes Fossil geklont.

Die belgische Partei der Arbeit bietet ein mehrstufiges Mitgliedschaftsmodell und eine Partei-Mischform irgendwo zwischen neuen digitalen Netzwerken und den klassischen Säulen der Massenpolitik des 20. Jahrhunderts.

Das mag aus wissenschaftlicher Sicht vielleicht interessant sein, ist in der Praxis aber sinnlos.

In dieser Hinsicht bietet die belgische Partei der Arbeit (PVDA/PTB) einen interessanten Ansatz: ein mehrstufiges Mitgliedschaftsmodell, bei dem jede Stufe eigene zeitliche Vorgaben für das Engagement hat, sowie eine sorgfältig gepflegte Partei-Mischform irgendwo zwischen neuen digitalen Netzwerken und den klassischen Säulen der Massenpolitik des 20. Jahrhunderts. Die erste Mitgliedschaftsebene ist ein innerer Kreis klassischer militanter Aktivisten, die sich persönlich und finanziell für die Parteiarbeit einsetzen (beispielsweise fließt die Hälfte der Abgeordnetengehälter direkt in die Parteikasse). Die zweite Ebene besteht aus einfachen Mitgliedern, die regelmäßig an Treffen teilnehmen, aber ansonsten neben der Partei ein Privatleben haben. Die dritte Ebene bilden passive Mitglieder, die für Kampagnen mobilisiert werden können, aber von anderen regelmäßigen Beiträgen befreit sind.

Dieser mehrschichtige Organismus hat mittlerweile fast 30.000 Mitglieder und macht der traditionellen Sozialdemokratie, die in den Arbeiterhochburgen Belgiens noch relativ stark ist, zunehmend Konkurrenz. Hinzu kommen eine starke interne Bildungsarbeit und das Festhalten an einem marxistischen Kanon, der die Parteidoktrin prägt.

Dieser Ansatz hat zwangsläufig auch zeitgenössische Kehrseiten: So gibt die Partei Rekordsummen für Social Media aus und tauscht ihre Betonung der Klassenfrage nicht selten gegen eine harsche Kritik an der politischen Klasse und den staatlichen Eliten. Dadurch tritt die Betonung des Klassenkampfs, für den die Partei eigentlich steht, hin und wieder in den Hintergrund.

Ein derartiger Hybrid mag in bestimmten Situationen also schwächer und in anderen stärker sein – jedoch gibt es heute kaum Alternativen. Das erinnert an den alten Witz über ein Touristenpaar, das einen irischen Bauern nach dem Weg nach Dublin fragt. Er antwortet: »Na, hier würde ich jedenfalls nicht starten.« Irgendwo muss die Reise aber losgehen. ◘

Anton Jäger ist Ideenhistoriker und Autor des Buches *Hyperpolitik: Extreme Politisierung ohne politische Folgen* (Suhrkamp 2023).

Sozialismus in einem Bundesland

Nina Scholz

Illustration ◂ Shiwen Sven Wang

Die Linke könnte 2026 bei der Berlin-Wahl triumphieren und sogar die Bürgermeisterin stellen. Aber hat sie auch das Zeug für einen grundsätzlichen Politikwechsel – oder droht sie, die Fehler früherer Regierungsbeteiligungen zu wiederholen?

In einem Jahr könnte die Linke bei der Berlin-Wahl als große Gewinnerin dastehen. In Umfragen war sie zuletzt mit 19 Prozent zweitstärkste Kraft in der Hauptstadt – klar hinter der CDU mit 25 Prozent, aber deutlich vor den Grünen mit 15 und der SPD mit 14 Prozent. Sollte diese Rangordnung bis Herbst 2026 bestehen bleiben, hätte die aktuell regierende Große Koalition keine Mehrheit mehr. Rot-Rot-Grün hingegen hätte ausreichend Sitze im Abgeordnetenhaus. Die Linke stände vor der Versuchung, eine solche Regierung anzuführen und mit einer linken Bürgermeisterin ins Rote Rathaus einzuziehen.

Das wäre gewiss ein Meilenstein für die Partei, die noch bis vor Kurzem totgesagt wurde. Doch ist sie darauf vorbereitet, daraus auch einen Erfolg für die Menschen zu machen, die nicht die Linke wählen, einfach nur um die Linke gewinnen zu sehen, sondern weil sie sich davon materielle Verbesserungen ihrer Lebensumstände versprechen?

Aktuell scheint die Partei ihre Rolle in Berlin gefunden zu haben: Sie ist der soziale Stachel im Abgeordnetenhaus, der verlängerte Kleine-Anfragen-Arm der Stadtbewegungen, die Kümmerin im Kiez und aktiver Teil der Bewegungslandschaft von Mieterinitiativen bis hin zu Palästinasolidarität. Sollte sie sich wirklich an der nächsten Berliner Regierung beteiligen oder sie gar anführen, stünde sie vor der Herausforderung, diese Rolle in staatliche Politik zu übersetzen. Dazu müsste sie in einem institutionellen Gefüge agieren, das einer solchen Politik alles andere als zuträglich ist, wie die Berliner Linke schon mehrmals in Regierungsbeteiligungen lernen musste.

Linke Regierungen bewegen sich seit jeher im Spannungsfeld zwischen Radikalität und Machbarkeit. Linke Politik in Deutschland steht mit der beschleunigten Faschisierung der letzten Jahre aber vor einer weiteren Herausforderung: Es geht nicht nur um die Umsetzbarkeit sozialer Politik und Rechenschaftspflicht gegenüber der eigenen Wählerschaft und den eigenen Bündnissen. Eine linke Partei darf sich unter keinen Umständen an einer Austeritätspolitik beteiligen, die die Armutsspirale beschleunigt, Menschen weiter handlungsunfähig macht und von gesellschaftlichen Prozessen ausschließt.

Sie darf nicht zum Rechtsruck beitragen, sondern muss das Gegenteil leisten: Teilhabe und Selbstermächtigung möglich machen, Armut bekämpfen, Transformationen hin zu einer gerechteren Gesellschaft ermöglichen. Sie muss gegen aktuelle Kräfteverhältnisse, gegen bestehende Klassenverhältnisse und auch gegen den Zeitgeist regieren. Ob eine Berliner Linksregierung das leisten könnte, hängt unter anderem davon ab, ob die Linke sich bei ihren Kernthemen durchsetzen kann.

Die Mieten sind zu hoch

Die Mietenpolitik wird mit ziemlicher Sicherheit Kernthema des kommenden Wahlkampfs werden – und das aus gutem Grund: Berlin ist eine Stadt der Mietenden, etwa 84 Prozent der Berliner Haushalte leben zur Miete, nur etwa 16 Prozent in ihrem eigenen Wohneigentum. Der Mietwohnungsanteil liegt in einigen Bezirken wie Mitte, Friedrichshain-Kreuzberg und Lichtenberg sogar bei 90 Prozent. Wohnen und Wohnungsnot sind das vereinende Thema der Berlinerinnen und Berliner, bis tief hinein in Milieus, die sonst weniger offen für linke Themen sind.

Laut Umfragen ist die Linke mit

19%

die zweitstärkste Kraft in Berlin.

Wohnen und Wohnungsnot sind das vereinende Thema der Berlinerinnen und Berliner, bis tief hinein in Milieus, die sonst weniger offen für linke Themen sind.

Die Wohnkrise in der Hauptstadt hat sich in den vergangenen Jahren beständig verschärft: Die Angebotsmieten sind im Vergleich der Jahre 2023 und 2024 um 12 Prozent gestiegen. Die Preise für Neuvermietungen sind in Berlin so stark angestiegen wie in keiner anderen deutschen Großstadt, teilweise gab es eine Verdopplung innerhalb des vergangenen Jahrzehnts. Inzwischen ist bereits jedes dritte Mietangebot eine möblierte Wohnung. Solche Wohnungen werden in Berlin für durchschnittlich 25,45 Euro pro Quadratmeter angeboten. Und auch die Mieten für bestehende Mietverträge steigen.

Beschleunigt wird die Teuerung auch durch auslaufende Sozialbindungen. Über 50.000

84%

beträgt der Mietwohnungsanteil in Berlin.

12%

sind die Angebotsmieten in einem Jahr angestiegen.

Wohnungen haben seit 2014 ihre Sozialbindung verloren und es kommen viel zu wenige hinzu, um diesen Effekt umzukehren. Spekulativ leerstehender Wohnraum und Ferienwohnungen sind weitere Probleme. Die hohen Mieten sind Armutsbeschleuniger. Während die Löhne in den vergangenen Jahren kaum gestiegen sind, entstehen durch hohe Mietzahlungen große Belastungen für viele Haushalte. Und auch hohe Heizkosten und hohe Nebenkosten machen sehr vielen Mieterinnen und Mietern in Berlin das Leben schwer.

Keine zweite Partei hat dieses Thema so glaubwürdig besetzt wie die Linke. Sie ist zu Mietenexpertin geworden, Mitglieder engagieren sich in Mietenbündnissen wie Deutsche Wohnen & Co enteignen, gründen eigene Initiativen. Die Partei lässt beim Mietenthema weder auf Landes- noch auf Bundesebene locker. Sie bietet eigene Mietberatungen und praktische Tools wie einen Mietwucherrechner an, mit dem Menschen herausfinden können, ob ihre Miete zu hoch ist und wie sie sie senken können. In einer möglichen Regierung müsste sie neben individueller Beratung aber vor allem sicherstellen, dass warme Wohnungen Haushalte nicht arm machen. Die sogenannte antifaschistische Wirtschaftspolitik, die Teile der Linkspartei aktuell propagieren, müsste hier ganz praktisch ansetzen.

Was macht die Linke, wenn die SPD die Vergesellschaftung wieder blockiert?

Aber wie sieht eine linke Mietenpolitik in Berlin 2026 aus? Viele mögliche Regularien wie das Vorkaufsrecht und der Mietendeckel sind juristisch auf Landesebene ausgehebelt worden. Die Linke verspricht ein kommunales und soziales Wohnungsprogramm. Es wird aber Jahre dauern, bis sich dadurch wirklich Effekte zeigen. Sie braucht ergänzend ein Sofortprogramm – Entlastungen, die direkt spürbar sein werden –, so wie es beim Mietendeckel der Fall gewesen ist. Ist das Sicher-Wohnen-Gesetz, das zum Beispiel Vergabequoten für arme Menschen vorsieht, juristisch und politisch durchsetzbar?

Ein konsequentes Verbot von möbliertem Wohnen und Ferienwohnungen wäre ein möglicher Hebel. Dieses müsste jedoch auch praktisch umgesetzt werden, wofür neue Stellen in den Bezirksämtern geschaffen werden müssten. Auch die landeseigenen Wohnungsunternehmen, die zuletzt die Mieten erhöht und vermehrt Zwangsräumungen durchgesetzt haben, könnten ein wichtiger Hebel sein. Doch auch hier müssten Reformen erst gegen Koalitionspartner, die Verwaltung und die Vorstände der Wohnungsunternehmen durchgesetzt werden.

Vergesellschaftung umsetzen

Die Abstimmung über den Volksentscheid Deutsche Wohnen & Co enteignen fiel 2021 mit der Wahl zum Abgeordnetenhaus zusammen. Damals hatte sich die Linke als einzige Partei an der Initiative beteiligt. Sie arbeitete im Bündnis mit und sammelte mehrere tausend Unterschriften. Das dürfte der Partei angesichts der damaligen Krise auch ein paar Prozentpunkte bei der Abgeordnetenhauswahl 2021 eingebracht haben.

Bei der rot-rot-grünen Regierungsbildung waren die Aktivisten, mit denen man eben noch Unterschriften gesammelt und auf Plena diskutiert hatte, dann aber weitestgehend außen vor, die Vergesellschaftung wurde nicht zur Bedingung einer Regierungskoalition gemacht, die Umsetzbarkeit auch wegen der Widerstände von Franziska Giffey und der SPD in eine Expertenkommission verschoben. Dass das so einfach durchging, dürfte auch erheblich an der Regierungslinken um Klaus Lederer gelegen haben. Im Bündnis Deutsche Wohnen & Co enteignen entstand damals zu Teilen das Gefühl, dass die Linke zwar vom Volksentscheid profitiert, dessen Umsetzung aber zugunsten einer Regierungsbeteiligung geopfert hatte.

Lederer und Co., die das damals forciert haben sollen, haben mittlerweile die Partei verlassen und die Berliner Linke wird sicherlich auch 2026 wieder die Umsetzung des Volksentscheids zur Kernforderung ihres Wahlkampfs machen. Die Expertenkommission hat mittlerweile auch festgestellt, dass die Vergesellschaftung rechtlich und finanziell machbar ist und das Wohnen langfristig bezahlbar machen würde. Die Chancen für eine linke Landesregierung, den Volksentscheid endlich umzusetzen, stehen theoretisch also gar nicht so schlecht.

Die Anwendung von Artikel 15 des Grundgesetzes, der die Vergesellschaftungen erlaubt und regelt, würde eine radikale Abkehr von der neoliberalen Austeritätspolitik bedeuten. Sie ist damit genau das Kernprojekt, das eine linke Politik braucht, die mehr erreichen will als Elendsverwaltung oder -eindämmung. Die Umsetzung der Vergesellschaftung würde dem andauernden Klassenkampf von oben eine demokratische, vitale Klassenpolitik von unten entgegenstellen und einen Präzedenzfall für andere Bewegungen und Akteure schaffen, in Berlin wie auch anderenorts.

Aber ist die Umsetzung überhaupt möglich in einer Koalition mit der SPD, die es zu einem Kernthema gemacht hat, die Vergesellschaftung zu verhindern? Was macht die Linke, wenn die SPD die Vergesellschaftung wieder blockiert? Auf diese Fragen muss es verbindliche Antworten geben.

Wirklich unkürzbar?

Es geht bei einer linken Regierungsbeteiligung nicht darum, alles umzusetzen, was die Partei fordert. Sie muss aber formulieren können, wie sie was umsetzen will und welche roten Linien sie dabei nicht überschreiten wird. Die Linke, die seit 2000 genauso oft in der Berliner Landesregierung wie in der Opposition war, sollte das aus Erfahrung wissen.

Zwölf Jahre nach dem Ende der DDR war die PDS ab 2001 zum ersten Mal Teil der Regierung unter dem SPD-Bürgermeister Klaus Wowereit, an der Seite des Finanzsenators Thilo Sarrazin. Eine Koalition mit der SED-Nachfolgepartei hatte die SPD in den 1990er Jahren und unter Bürgermeister Walter Momper immer wieder abgelehnt. Aber dann stand sie vor den Trümmern der eigenen Koalition mit der CDU. Damals war Berlin am Ende. Die Koalition aus CDU und SPD, der Filz, die Korruption, der Investoren-Größenwahn hatten der Hauptstadt eine Bankenkrise, eine CDU-Spendenaffäre und Schulden in Höhe von fast 40 Milliarden Euro eingebracht. Die CDU fiel als möglicher Koalitionspartner für die SPD aus und die PDS fand sich in der Berliner Regierung wieder.

Angetreten war sie mit dem Versprechen, Berlin eine »rote Zukunft« zu bescheren, wie es der damalige PDS-Fraktionsvorsitzende im Abgeordnetenhaus Harald Wolf formulierte. Die Realität sah leider anders aus. Um Berlin vor der Pleite zu retten, trug sie eine Reihe von Reformen mit, die ihre Glaubwürdigkeit für viele Jahre infrage stellten. Die SPD-PDS-Koalition beschloss unter anderem, die Anschlussförderung des sozialen Wohnungsbaus zu beenden, teilweise aus dem Flächentarifvertrag des TVöD auszusteigen und jene landeseigenen Wohnungsbestände zu veräußern, die heute zum Beispiel der Vonovia gehören – und deren Vergesellschaftung die Linkspartei fordert. Es war nicht die PDS, die der Stadt die Misere eingebrockt hat, aber die sozialen und politischen Folgen der Austeritätspolitik, die sie damals mitgetragen hat, wirken bis heute nach.

Berlin steht 2025/2026 zwar nicht vor so einer Krise wie 2001, doch auch heute hat die Stadt ein Haushaltsproblem: Die wirtschaftliche Situation ist nicht rosig und in vielen Branchen werden Stellen gekürzt. Die aktuelle Koalition aus CDU und SPD hat der Hauptstadt bereits eine massive Kürzungswelle vor allem im Sozial-, Kultur- und Bildungsbereich verordnet, die an die Sarrazin-Jahre erinnert und gegen die sich die Linke immer wieder wendet. So ist die Partei zum Beispiel im außerparlamentarischen Bündnis Unkürzbar aktiv.

Doch wie ließe sich das in Regierungspolitik übersetzen? Der Spielraum der Landeshaushalte wird begrenzt durch die Schuldenbremse, die nur auf Bundesebene ausgesetzt werden kann, und mögliche Koalitionspartner wie die SPD, die eine progressive Ausgabenpolitik blockieren könnten.

50k
Wohnungen haben seit 2014 ihre Sozialbindung verloren.

Die SPD-PDS-Koalition beschloss unter anderem, jene landeseigenen Wohnungsbestände zu veräußern, die heute zum Beispiel der Vonovia gehören – und deren Vergesellschaftung die Linkspartei fordert.

Verbindliche Entscheidungen gegen Austeritätspolitik müssten Grundbedingungen einer Regierungszusage sein.

Verbindlichkeiten

Zur neuentdeckten Wählerschaft der Linken gehören wieder Menschen mit niedrigem oder mittlerem Einkommen, Erwerbslose oder prekär Beschäftigte, Migrantinnen, Rentner, Studierende oder Alleinerziehende. Diese Gruppen sind besonders auf soziale Teilhabe angewiesen, die die Linke nicht aufs Spiel setzen kann. Diese Menschen hat die Linke mit ihren klassenpolitischen Kernthemen zur Bundestagswahl mobilisiert und sie tragen zum aktuell anhaltenden Erfolg der Partei bei.

In vergangenen Regierungsbeteiligungen waren es nicht nur die Koalitionspartner, sondern oft auch die Verwaltungsapparate, die Fortschritte bei transformativen Projekten blockiert haben. Verwaltungen haben eine starke Eigenlogik. Bürokratische Apparate stehen bewegungsorientierten, klassenpolitischen und basisdemokratischen Prozessen diametral gegenüber. Bestenfalls sind es nur Technokratie und Personalmangel, die linke Projekte verhindern, viele ehemalige Politiker der Linken berichteten aber auch immer wieder, dass abweichende politische Einstellungen der Verwaltungsbeschäftigten zu regelrechten Blockaden geführt hätten.

Aus der Erfahrung zu lernen, bedeutet auch, dafür einen Plan zu entwickeln: Wie können linke Kernforderungen – zum Beispiel im Bereich Wohnen, Soziales oder Wirtschaft – mit der Verwaltung, gegen die Verwaltung oder auch an der Verwaltung vorbei durchgesetzt werden? Erfahrungen, wie es nicht geht, hat die Linke bereits gesammelt – jetzt wäre es an der Zeit, aufzuzeigen, wie sie sich linke Verwaltungspolitik vorstellt.

Aktuell gehört zu den Slogans der Berliner Linken, dass sie »kein Zurück zum Sarrazin-Berlin« möchte. Genauso wichtig wäre aber, zu versprechen, dass es kein Zurück zur Lederer-Regierungsbildung geben wird. Die Linke ist den Bewegungen, in denen sie sich engagiert, und den Menschen, die sie an den Haustüren aufsucht, verpflichtet – auch in einer möglichen Regierung. Wie will sie gewährleisten, dass die Kommunikation nicht abreißt, wenn drinnen der Koalitionsvertrag verhandelt wird und die Aktivisten, mit denen sie eben noch auf der Straße waren, draußen stehen? Wie sehen verbindliche Räume der Abstimmung und Kommunikation aus, nicht nur zwischen Bewegungen und der Partei, sondern auch allgemeiner zwischen den Berlinern und der Partei? Für solche Räume braucht es nicht nur Vorschläge aus den Bewegungen, sondern verbindliche Zusagen der Partei selbst.

Die Linkspartei ist aktuell so erfolgreich, weil sie eine wirkliche Alternative zum Status quo, zur Abwärtsspirale, zum Rechtsruck und zur wachsenden Armut mit einer klaren Klassenperspektive in den Kiezberatungen und in ihren Auftritten anbietet. Das ist als Oppositionspartei verhältnismäßig leicht, lässt sich mit einer Regierungsbeteiligung, wenn die Kluft zwischen Erwartungen an die Partei in der Regierung und der tatsächlichen Regierungspraxis zu groß wird, aber auch leicht verspielen.

Die Linke muss Hoffnung organisieren. Kann sie das in einer Regierung nicht leisten, dann wird sie in der Opposition dringender gebraucht. »Nicht regieren um jeden Preis«, erklärten die Genossinnen und Genossen auf dem letzten Berliner Parteitag im Mai 2025. Es wäre gut, würden sie bald erklären, was das konkret bedeutet. ◻

Nina Scholz arbeitet als freie Journalistin zu Tech, Arbeit und Gewerkschaften. In ihrer Freizeit ist sie bei Deutsche Wohnen & Co enteignen aktiv.

SNAKES & LEADERS

Mit linken Parteien ist es ein ständiges Auf und Ab.

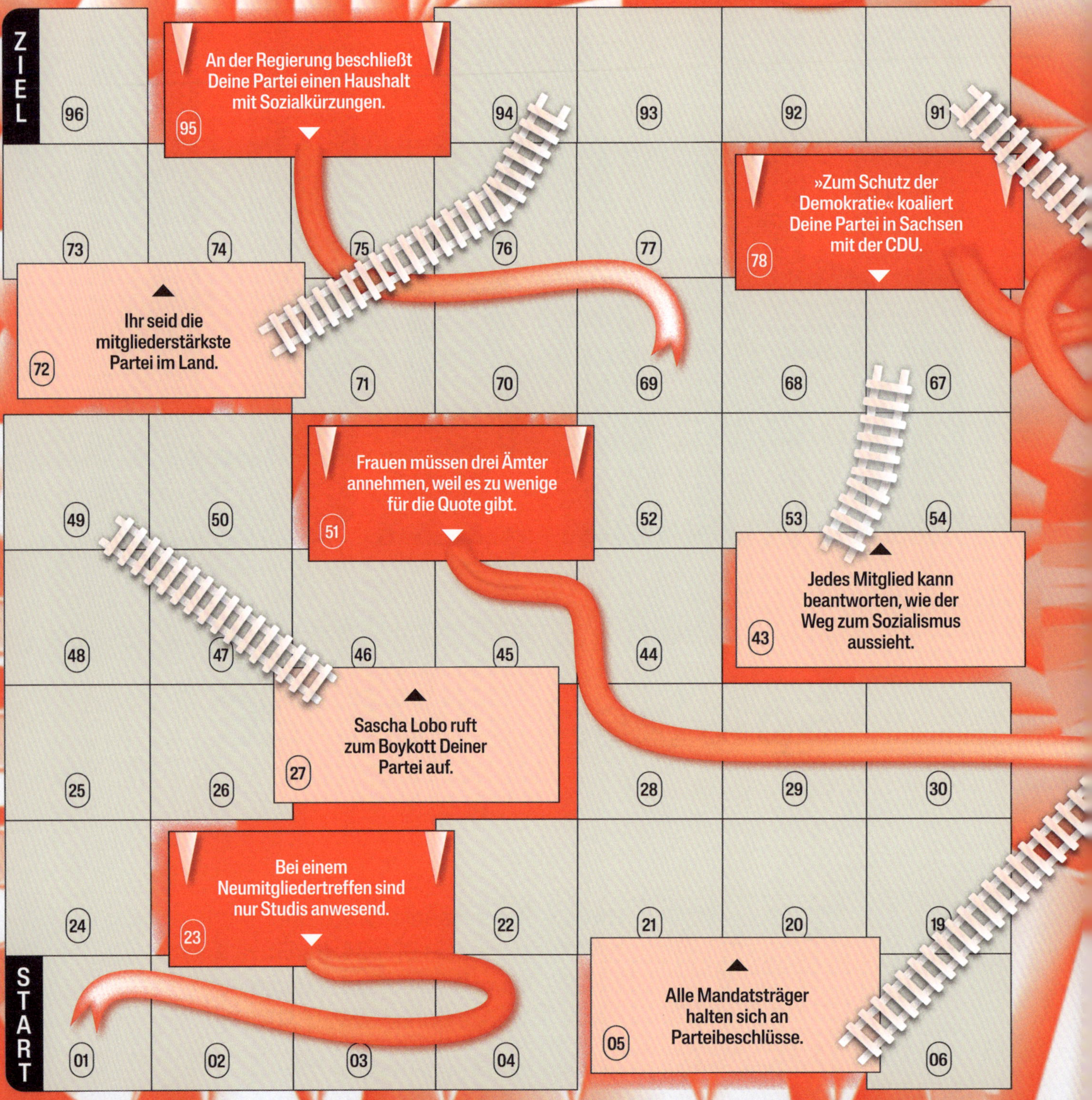

REGELN ◇ REGELN ◇ REGELN ◇ REGELN ◇ REGELN ◇ REGELN ◇ REGELN

Alle starten gemeinsam auf Feld (01) und würfeln. Wer die höchste Zahl hat, beginnt. Er oder sie würfelt erneut und zieht mit seiner Figur auf das entsprechende Feld vor. Landet eine Spielerin auf einer Leiter, darf sie alle Sprossen nach oben ans Ende der Leiter klettern. Landet sie jedoch auf einer Schlange, muss sie an den Beginn der Schlange zurückrutschen. Erreicht ein Spieler durch Würfeln ein Feld, auf dem sich bereits ein anderer Spieler befindet, wird letzterer geschlagen und muss zurück an den Anfang des Spielfelds. Wer zuerst das letzte Feld erreicht, gewinnt.

REGELN ◇ REGELN ◇ REGELN ◇ REGELN ◇ REGELN ◇ REGELN ◇ REGEL

TIPP ● TIPP ● TIPP

Für Ungeduldige und Brettspiellose: Nehmt ein paar Centstücke, ladet eine Würfel-App herunter und legt los!

TIPP ● TIPP ● TIPP

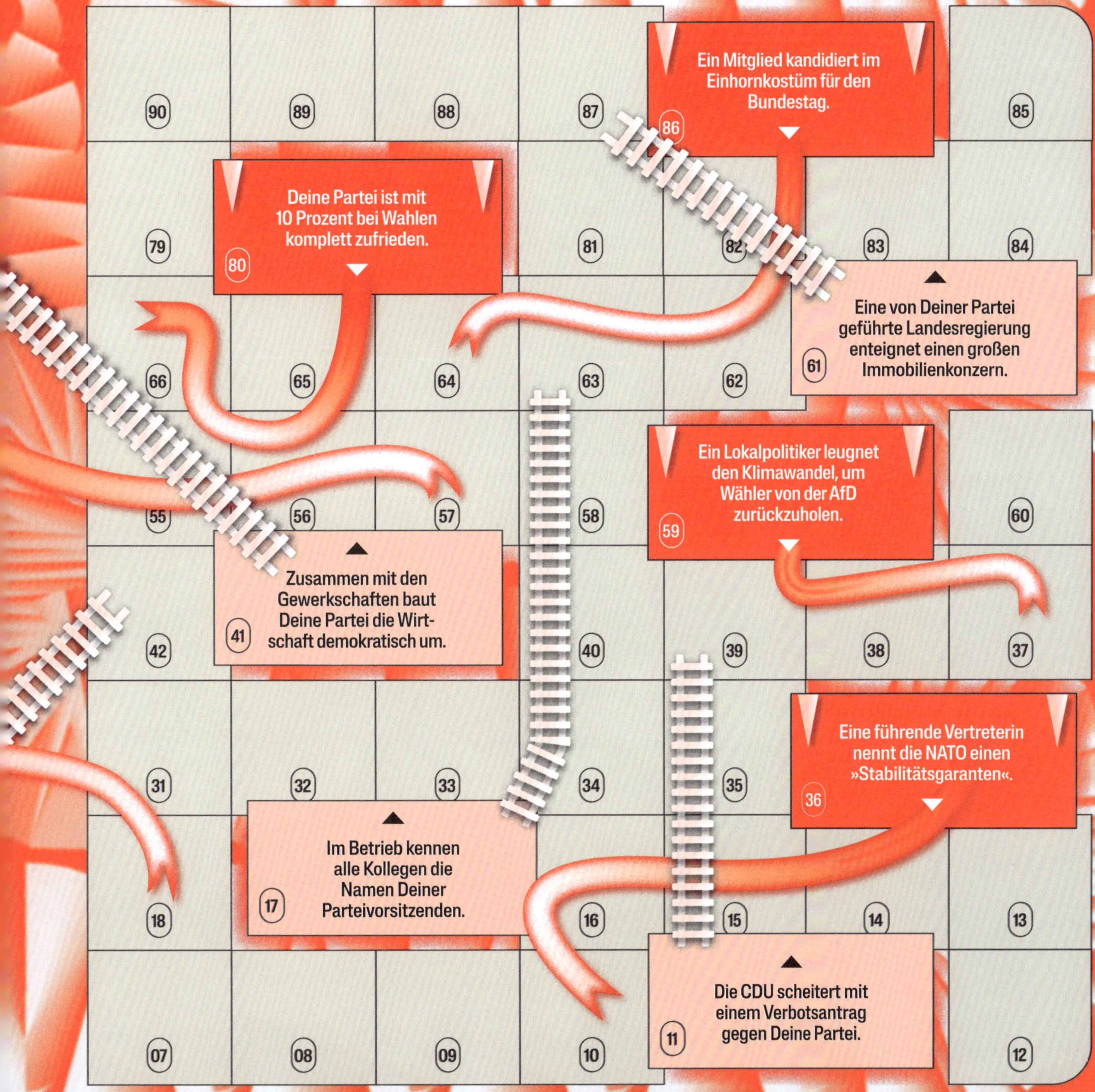

DER LANGE MARSCH DURCH DIE BETRIEBE

Jonas Thiel

Will die Linke eine Klassenpartei werden, muss sie sich in der Arbeitswelt verankern. Doch es mangelt an konkreten Konzepten. Ein Vorschlag, wie linke Betriebsarbeit aussehen könnte.

Die Linke hat sich vorgenommen, organisierende Klassenpartei zu werden. »Wir möchten Konzepte entwickeln, wie unsere Genoss*innen an ihrem Arbeitsplatz die Gewerkschaftsbewegung stärken können«, heißt es im Leitantrag des letzten Bundesparteitags. Dafür muss sie in den Betrieben Fuß fassen. Doch wie soll das gehen?

Wenn man sich mit gewerkschaftlicher Arbeit in sozialistischen Organisationen befasst, fällt einem zuallererst auf, wie wenig es dazu zu lesen gibt. Man findet Bücher wie *Keine halben Sachen* von der amerikanischen Gewerkschafterin Jane McAlevey, die einem die Grundlagen davon beibringt, wie man seine Kolleginnen und Kollegen organisiert – oder zumindest, was man darüber durchs Bücherlesen lernen kann. Und auch Texte dazu, wie sozialistische Organisationen sich grundsätzlich zu den Gewerkschaften verhalten sollten, gibt es viele. Aber wie der Marxismushistoriker Hal Draper schon 1970 feststellte, findet sich so gut wie keine Literatur dazu, wie eine systematische Arbeit in den Betrieben für organisierte Sozialistinnen und Sozialisten aussehen könnte.

Warum zu so einem zentralen Bestandteil sozialistischer Politik bisher wenig Worte verloren wurden, ist kein allzu großes Rätsel. Zur Blütezeit der alten Arbeiterbewegung konnte man leicht davon ausgehen, dass die zunehmende Organisierung der arbeitenden Klasse einfach eine Konsequenz der Entwicklung des Kapitalismus war, die man nicht forcieren musste. Sozialistische Parteien hatten ihre Basis in den Nachbarschaften und an den Arbeitsplätzen der Menschen. Klassenpolitik war keine Frage, denn die arbeitende Klasse war längst organisiert.

Von dieser Welt ist heute nicht viel übrig. Die große Mehrheit der arbeitenden Bevölkerung ist weder gewerkschaftlich noch politisch organisiert. Wo es sie noch gibt, haben die Parteien der alten Linken ihre oppositionelle Haltung gegenüber dem Kapital aufgegeben und sind zu Verwalterinnen des Status quo geworden. Linke gibt es immer noch. Aber sie stehen größtenteils am

Strategien, die maßgeblich auf Organisationsarbeit durch Hauptamtliche aufbauen, sind zwar in Großbetrieben effektiv, aber nicht auf die gesamte Wirtschaft skalierbar.

◄ Die Arbeiter und Angestellten der Kölner Firma Klöckner, Humboldt, Deutz (KHD) traten 1972 spontan in einen Streik, weil ihnen das Weihnachtsgeld gestrichen werden sollte.

Demonstrierende am 21. November 2024 in Wolfsburg vor der nächsten Tarifrunde bei VW.

16 %

beträgt die Gewerkschaftsdichte in Deutschland.

Rande von Politik und Gesellschaft. Selbst da, wo es hin und wieder zu erstaunlichen Wahlerfolgen kommt, gehen sie nicht mehr mit derselben tiefen Organisation einher. Aber es gab auch Versuche, wieder Wurzeln in der Klasse zu schlagen.

An einigen Orten waren diese Versuche durchaus von Erfolg gekrönt. Es gibt bis heute Betriebe, in denen kommunistische Parteien, die in der nationalen Politik ihrer jeweiligen Länder kaum noch eine Rolle spielen, eine merkbare Präsenz aufrechterhalten. Und selbst einige der studentischen Vorstöße in die Produktion aus der 68er-Bewegung heraus, wie zum Beispiel bei Opel in Bochum, prägten eine Zeit lang Arbeitskämpfe an bestimmten Standorten. Aber diese lokalen Erfolge geschahen im Kontext eines offenbar unaufhaltsamen Niedergangs der Arbeiterbewegung und der organisierten Linken in den entwickelten kapitalistischen Ländern. In Deutschland ist die Gewerkschaftsdichte allein seit dem Jahr 2000 von etwa 25 Prozent auf 16 Prozent gesunken.

Dass die linken Gewerkschafterinnen und Gewerkschafter dem weltweiten Frontalangriff der Bosse im Zuge des Neoliberalismus wenig entgegenzusetzen hatten, hat auch mit ihren eigenen Beschränktheiten zu tun. In der Regel standen damals große Industriebetriebe im Fokus. Wegen ihrer wirtschaftlichen Bedeutung und der Streikmacht ihrer Beschäftigten wurde in Deutschland besonders die Automobilindustrie als strategischer Schlüsselsektor angesehen. Die Einschätzung, dass hier der größte Hebel für gesamtgesellschaftliche Veränderungen zu finden ist, war nicht falsch. Dass Jahrzehnte von Niederlagen und Rückzugsgefechten bevorstanden, war für die Genossinnen und Genossen von damals nicht absehbar. Aber mit dem Fokus auf bereits gut organisierte Betriebe spielte man dieser Dynamik unabsichtlich in die Hände.

Zu dieser Zeit sahen Gewerkschaftsführungen es zunehmend als zu riskant an, Ressourcen auf die Organisierung neuer Belegschaften zu verwenden. Man sah die eigene Rolle vielmehr darin, die schrumpfenden bestehenden Mitgliedschaften zu vertreten – oft kurzsichtig und

Gespräche an der Haustür oder am Infostand sind nicht dasselbe wie Gespräche mit Kolleginnen und Kollegen am Arbeitsplatz, aber vieles lässt sich übertragen.

zulasten der Klasse als Ganzer. Linke Gewerkschaftsaktivistinnen und -aktivisten gingen mit der Intention in die Betriebe, die Ansprüche ihrer Kolleginnen und Kollegen zu heben und Arbeitskämpfe konsequenter und solidarischer zu führen. In Zeiten von stagnierendem Wirtschaftswachstum und schrumpfender Industrie erwies sich das als Kampf auf verlorenem Posten. Und indem man sich auf diese Betriebe konzentrierte, wandte man sich ebenso wie die konservativen Gewerkschaftsbürokratien davon ab, unorganisierte Arbeiterinnen und Arbeiter zu organisieren.

Wofür die Gewerkschaften Linke brauchen

Vor dem Hintergrund solcher Erfahrungen stellt sich die Frage, welchen Beitrag Linke überhaupt zu einer Wiederbelebung der Arbeiterbewegung leisten können. Dass sozialistische Politik ohne starke Gewerkschaften keine Chance auf Umsetzung hat, ist inzwischen glücklicherweise wieder zu einem Gemeinplatz in linken Strategiediskussionen geworden. Weniger Aufmerksamkeit bekommt hingegen, dass es ebenso schwer vorstellbar ist, wie die Gewerkschaften ohne Hilfe aus ihrer jahrzehntelangen Abwärtsspirale ausbrechen könnten.

Um zu überleben, muss die Gewerkschaftsbewegung wachsen. Und wie der Arbeitshistoriker Eric Blanc argumentiert, sind Strategien, die maßgeblich auf Organisationsarbeit durch Hauptamtliche aufbauen, zwar in Großbetrieben effektiv, aber nicht auf die gesamte Wirtschaft skalierbar. Wo Organisationsarbeit größtenteils von Hauptamtlichen gemacht wird, wie zum Beispiel in den USA seit den 1990ern, ist mitunter eine Person für hundert Beschäftigte zuständig. Selbst mit den immer noch bedeutenden finanziellen Ressourcen heutiger Gewerkschaften wäre es utopisch, mit so einem Modell die Gewerkschaftsdichte auf 60 oder 70 Prozent der Beschäftigten (etwa das heutige Niveau in Skandinavien) zu erhöhen.

Zudem machen Veränderungen in der wirtschaftlichen Struktur die Vergewerkschaftung aufwändiger und kostspieliger. Auch wenn das Ausmaß dieses Problems zum Teil übertrieben wird, sind Arbeitsplätze heute im Durchschnitt kleiner und weiter verteilt als in der Zeit, als die Gewerkschaftsbewegung noch wuchs.

Unter diesen Bedingungen aus dem Abwärtstrend auszubrechen, kann nur gelingen, wenn Arbeiterinnen und Arbeitern eine größere Rolle bei ihrer eigenen Organisierung zukommt. Es stimmt natürlich, dass die Gewerkschaft aus ihren Mitgliedern besteht, und die meisten Menschen in der Funktionärsebene der Gewerkschaften würden sich vermutlich an der Charakterisierung stören, dass die Mitglieder in den Betrieben kaum eine organisierende Rolle

115.000

Mitglieder zählt die Linkspartei nach der Eintrittswelle.

spielen. Nichtsdestotrotz ist es schlichtweg der Fall, dass DGB-Gewerkschaften im Jahr 2025 keine aktive Mitgliederstruktur auf der Ebene der Organisation als ganzer haben.

Vielerorts gibt es Betriebsgruppen, die unermüdliche und unabdingbare Arbeit leisten. Aber sie sind ein Zeichen außerordentlich gut organisierter Belegschaften – oder solcher, die sich auf dem Weg dorthin befinden. Auch die Arbeit in den gewerkschaftlichen Gremien – in Vorständen auf lokaler Ebene, in den Fachbereichen, in der Jugendarbeit und in der politischen Bildung – wird oft von Ehrenamtlichen gemacht. Aber auch wenn Mitglieder dort sehr viel Zeit investieren können, haben sie so gut wie nichts mit der Organisierung der arbeitenden Menschen in den Betrieben zu tun. Es handelt sich dabei vielmehr um selbstselektierte Gruppen, die im besten Fall als einzelne Gewerkschafterinnen und Gewerkschafter auch in ihren Betrieben aktiv und verwurzelt sind, aber als Gremien im Normalfall auf einer kompletten Parallelschiene zur Arbeit in den Betrieben existieren.

Für gewöhnlich gibt es keinen Ort, wo Gewerkschaftsmitglieder in einer Stadt oder einer Ortschaft sich regelmäßig treffen können, um sich auszutauschen, Methoden zu erlernen, Strategien zu entwickeln und an der Organisierung ihrer Arbeitsplätze zu arbeiten. Genau so eine aktive Mitgliederstruktur ist das, was

▼ Mit Warnstreiks, Demonstrationen und Kundgebungen, wie hier am 2. April 1981 bei den Bochumer Opelwerken, reagierte die IG Metall im Tarifkonflikt auf die Angebote der Arbeitgeber und verlangte eine Lohnerhöhung von 8 Prozent.

eine Partei wie die Linke der Arbeiterbewegung bieten kann.

Mit der Eintrittswelle der letzten Monate zählt sie etwa 115.000 Mitglieder. Im Vergleich zu den alten Massenparteien ist das nicht viel, aber in einer Zeit, in der Parteien in allen entwickelten Demokratien die Mitglieder regelrecht davonrennen, ist diese Zahl nicht zu vernachlässigen. An den meisten Orten gibt es regelmäßige Aktiventreffen, an denen sich viele Genossinnen und Genossen beteiligen. Das Interesse an Gewerkschaftsarbeit ist dort groß und kommt dank einer Parteiführung, die Arbeitskämpfe stärker in den Fokus rückt als zuvor, auch immer mehr zur Geltung.

Die Mitgliedschaft der Linken beträgt zwar immer noch nur etwa ein Drittel von jener der SPD, aber sie ist im Durchschnitt heute sehr viel jünger und aktiver. Neben Enthusiasmus bringt sie auch ihre Wahlkampferfahrung mit. Gespräche an der Haustür oder am Infostand sind nicht dasselbe wie Gespräche mit Kolleginnen und Kollegen am Arbeitsplatz, aber vieles lässt sich übertragen.

Nicht jeder Kampfplatz ist gleich zentral

Die Zusammensetzung der Linkspartei wird vermutlich eine der größten Hürden sein, um gewerkschaftliche Arbeit als festen Bestandteil des Parteialltags zu etablieren. Die Linke erfasst nicht, wo genau ihre Mitglieder arbeiten. Aber dass ein überdurchschnittlicher Anteil studiert oder studiert hat, viele Mitglieder als Lehrkräfte, Sozialarbeiterinnen oder an anderen Stellen im öffentlichen Dienst beschäftigt sind, und dass nur wenige in der Industrie und in Ausbildungsberufen arbeiten, ist nicht von der Hand zu weisen.

Die Mehrheit ist dennoch Teil der arbeitenden Klasse und viele arbeiten in Betrieben, wo Gewerkschaftsarbeit durchaus vielversprechend ist. Ein erster Schritt wäre, in den Kreisverbänden herauszufinden, wo Genossinnen und Genossen beschäftigt sind und welche Betriebe man sinnvollerweise ins Visier nehmen könnte – zum Beispiel, weil sie eine zentrale Rolle in der lokalen Wirtschaft spielen, oder weil dort schon mehrere Parteimitglieder arbeiten.

Dabei gilt es, den Fallstrick der Hyperpolitik zu vermeiden. Wie die Philosophin Lillian Cicerchia im *Catalyst Journal* argumentiert, geht dieser Ansatz davon aus, dass wir alles gleichermaßen politisieren können und dass Aktivismus auch an jedem Ort hilfreich ist – ob in der Nachbarschaft, auf dem Uni-Campus oder vor dem Fernseher beim Eurovision Song Contest –, ohne dass der Gedanke aufkommt, dass man eine Aktivität für eine andere aufgeben sollte.

Es gibt bestimmte Berufe, die einfach nie einen ernsthaften Beitrag zum Klassenkampf leisten werden – wie Doktorandinnen oder Sozialarbeiter –, und das ist okay. Parteimitglieder aus solchen Betrieben können an anderer Stelle wertvolle Arbeit leisten. Die Linke kann sich in ihrer Betriebsarbeit auch nicht auf bestimmte Sektoren wie die Pflege oder andere Dienstleistungsberufe zurückziehen, nur weil sie dort schon einen Fuß in der Tür hat. Auch wenn unorganisierte Arbeiterinnen und Arbeiter zu organisieren in Zeiten niedriger und abnehmender Gewerkschaftsdichte eine der wichtigsten Aufgaben ist, dürfen wir die zentrale Rolle von Industriebetrieben nicht unterschätzen.

Der Anteil der Bevölkerung, den die Industrie beschäftigt, hat mit steigender Produktivität stark abgenommen. Der Anteil der Industrie an der Wertschöpfung ist aber nicht annähernd im selben Maße zurückgegangen. Tarifabschlüsse in der Industrie setzen weiterhin den Standard

Mitglieder der Linken Neukölln unterstützen den Streik der Beschäftigten der Berliner Verkehrsbetriebe am 2. Februar 2024.

für Abschlüsse in anderen Branchen und Reformen werden dort in der Regel zuerst erkämpft. Es ist zum Beispiel schwer denkbar, dass der Kampf für die Viertagewoche flächendeckend erfolgreich sein kann, ohne dass sie vorher in der Industrie durchgesetzt wird.

Die Linke sollte jede Gelegenheit nutzen, in der Industrie Fuß zu fassen und die Unterstützung zurückzugewinnen, die sie verloren hat. Für ihre Betriebsarbeit bedeutet das, Industriebetriebe zu priorisieren, in denen schon Mitglieder arbeiten. Auch das sogenannte *Salting* kann dabei eine Rolle spielen. Das bedeutet, Mitglieder, die auf Jobsuche sind, dazu zu ermutigen, sich bei solchen Betrieben zu bewerben, um dort gewerkschaftlich aktiv zu werden. Noch wichtiger ist es, dass die Linke ihr industriepolitisches Profil schärft und zeigt, dass sie als einzige Partei ernsthafte Antworten auf die Krise der deutschen Industrie hat, um in der bestehenden Industriearbeiterschaft wieder als politische Option wahrgenommen zu werden.

Salting bedeutet, Mitglieder, die auf Jobsuche sind, dazu zu ermutigen, sich bei bestimmten Betrieben zu bewerben, um dort gewerkschaftlich aktiv zu werden.

In anderen Sektoren sollte die Linke ihre primäre Aufgabe darin sehen, ihre Kolleginnen und Kollegen als Gewerkschaftsmitglieder zu gewinnen und Betriebsräte zu gründen. Betriebsräte sind eine Besonderheit des deutschen Systems der Arbeitsbeziehungen. Flächendeckende Tarifverträge verhindern, dass Tarifabschlüsse für die betreffenden Unternehmen zu Konkurrenznachteilen werden, sodass gewerkschaftliche Errungenschaften schwieriger auszuhebeln sind, und haben viele andere Vorteile für Beschäftigte. Aber solche großen Systeme sind schwer in Bewegung zu setzen. Betriebsräte machen es dagegen möglich, spürbare Verbesserungen auf der Ebene einzelner Arbeitsplätze durchzusetzen. Sich mit seinen Kolleginnen und Kollegen zusammenzutun, um einen Betriebsrat zu gründen, ist ein sehr erreichbares Ziel und ein wichtiger Schritt, um wieder Zuversicht unter arbeitenden Menschen aufzubauen, dass sie durch ihr eigenes kollektives Handeln etwas erreichen können.

Betriebsarbeit in der Linkspartei

Sowohl um Menschen gewerkschaftlich zu organisieren als auch um Betriebsratsgründungen voranzutreiben, braucht man Wissen und Knowhow. Die Linkspartei muss ihre Mitgliedschaft aktiv dazu ausbilden und kann dies auch nicht in Arbeitsgruppen oder Wochenendseminare auslagern, die über das Bundesgebiet verstreut sind. Die Betriebsarbeit muss einen festen Platz auf den Aktiventreffen der Partei bekommen, weil nur so die gesamte Mitgliedschaft erreicht werden kann.

Das bedeutet regelmäßige Workshops und Methodenschulungen zu gewerkschaftlichen Themen. Bestenfalls ermöglicht man auch bei jedem Treffen eine kurze Austauschrunde über den Stand in den Betrieben, um Erfahrungen mitzuteilen und Pläne durchzusprechen. Dafür wird die Partei auch auf Hilfe von außerhalb angewiesen sein. Aber in den meisten Gewerkschaftshäusern gibt es Hauptamtliche, die dafür offen wären oder sogar bereits Parteimitglieder sind.

Auch politische Kampagnen, zum Beispiel rund um Wahlen, können Menschen inspirieren, gewerkschaftlich aktiv zu werden, sodass die Betriebsarbeit mit der restlichen Strategie der Linkspartei ineinandergreifen kann. Die Partei kann sich auch als Bindeglied zwischen Gewerkschaften und Bevölkerungssegmenten wie Rentnerinnen und Rentnern, Arbeitslosen und prekär Beschäftigten sehen, die für diese oft schwer zu erreichen sind. So kann die Linke helfen, die Gewerkschaftsbewegung zu einer Bewegung der ganzen Klasse zu machen – was wiederum die Voraussetzung dafür ist, die Linke wieder in die Offensive zu bringen.

Die Gewerkschaftsbewegung und die Linke wieder zu der gesellschaftlichen Kraft zu machen, die sie einmal war, wird keine einfache Aufgabe. Die erste Zeit wird es sich vermutlich so anfühlen, als würde man gar nicht vorankommen. Es ist wichtig, sich davon nicht entmutigen zu lassen, auch wenn andere Vorhaben ansprechender und weniger riskant wirken. Organisierung passiert fast nie Stück für Stück, sondern meistens in Wellen. Man sollte keine Wunder erwarten, aber mit guter Vorbereitung kann sich von einem Jahrzehnt zum nächsten das ganze Terrain ändern.

Jonas Thiel ist Mitglied der Linken und Contributing Editor bei *Jacobin*.

Drei Stufen zum Glück

Thomas Zimmermann

Führt ein Weg von Sozialsprechstunden zum demokratischen Sozialismus?

Hat die Linke einen Plan? Mitunter scheint es, dieser belaufe sich darauf, bei Wahlen zu punkten, um möglichst rot-rot-grüne Koalitionen zu bilden, die dann halbwegs links regieren. In besseren Momenten, die es zuletzt vermehrt gegeben hat, zeigt die Partei hingegen durchaus einen Willen, aus dem *business as usual* auszubrechen und sich an politischen Innovationen zu versuchen. Doch auch dann zeichnet sich noch kein Weg ab, auf dem die Linke ihr Ziel des demokratischen Sozialismus erreichen will. Ein Vorschlag in drei groben Zügen.

1 Das Grazer Modell

Der auf neue Wege drängende Teil der Linkspartei hat das Grazer Modell für sich entdeckt – und nicht zu Unrecht. Tatsächlich hat sich die von der KPÖ Graz kultivierte Praxis, die eigenen Politikergehälter zu begrenzen, die Überschüsse in Sozialfonds zu sammeln und diese Mittel in persönlichen Sozialsprechstunden an Menschen in Not zu vergeben, als sehr erfolgreich erwiesen. So ist es ihr gelungen, lokal Glaubwürdigkeit als eine Partei aufzubauen, die »anders als die anderen« ist, und diese Unterstützung auch in Wahlsiege umzusetzen.

Diese Praxis ist vor allem dort nützlich, wo eine sozialistische Partei alles von Grund auf neu aufbauen muss, und eignet sich besonders gut für kleinere Städte, in denen die Ergebnisse der Linken noch ausbaufähig sind. Aber Sozialsprechstunden allein führen noch nicht zum Sozialismus. Dass eine Partei mit ihren eigenen Mitteln soziale Wohltaten vollbringt, ist so ziemlich das Beste, was Menschen von ihr erwarten können, solange sie keine institutionelle Macht hat. Wenn sie dann aber einmal regiert, dann sollte sie das in einer Weise tun, die nicht einfach nur »weniger schlimm« ist.

Illustration ◂ **Zane Zlemeša**

2

Das Preston Model

Eine Möglichkeit wäre, das Preston Model aufzugreifen. Im englischen Preston ist es der linken Labour-Lokalregierung seit 2013 gelungen, der Wirtschaft der deindustrialisierten Stadt auf eine merklich »andere« Art neues Leben einzuhauchen. Sie leitete die Geldflüsse aus öffentlichen Haushalten so um, dass sie in viel größerem Ausmaß in lokalen Wirtschaftskreisläufen verblieben, anstatt über große Unternehmen als Auftragnehmer aus der lokalen Ökonomie abzufließen. So reduzierte sie zugleich die Abhängigkeit der Stadt von externen privaten Investoren. Dabei förderte sie auch die Bildung und Vernetzung von Genossenschaften, um die lokale Wirtschaft nicht nur lebendiger, sondern auch demokratischer zu gestalten.

Die dem zugrundeliegende Philosophie des Community Wealth Building könnte auch die politische Arbeit der Linkspartei anleiten, wo sie es schafft, insbesondere in »abgehängten Regionen« Hochburgen zu etablieren. Wenn es ihr gelänge, eine deindustrialisierte ostdeutsche Stadt ökonomisch wiederzubeleben, könnte sie damit nebenbei bemerkt auch bei deindustrialisierten westdeutschen Städten vorstellig werden. Dass sie in ihren Jahren als regierende stärkste Kraft in Thüringen kein solches Leuchtturmprojekt aufgebaut hat, bleibt eines ihrer größten Versäumnisse.

Auch solche roten Städte können noch nicht der Horizont sein – doch viele lokale Hochburgen ergeben irgendwann ausreichend Stützpfeiler für eine sozialistische Politik auf nationaler Ebene. Dann geht es darum, nicht nur den Parteihaushalt und auch nicht nur lokale öffentliche Haushalte, sondern den volkswirtschaftlichen Gesamthaushalt in gemeinwohlorientierte Bahnen zu lenken.

3

Das Rehn-Meidner-Modell

Ein Vorbild für eine solche Politik ist das Rehn-Meidner-Modell, das die schwedische Sozialdemokratie gemeinsam mit den Gewerkschaften von den 1950ern bis in die 1970er verfolgte. Erstens sah das Konzept vor, durch eine aktive Lohnpolitik insbesondere niedrige Einkommen zu erhöhen. Dabei rechnete man nicht einfach nur damit, dass manche Unternehmen, die nur dank Überausbeutung Profite erwirtschafteten, pleitegehen würden – vielmehr war es ausdrücklich Teil des Plans, dass diese Firmen von Konkurrenten übernommen oder verdrängt werden sollten, die durch Rationalisierung ihrer Abläufe profitabel blieben.

Zugleich unterstützte zweitens eine aktive Arbeitsmarktpolitik die Beschäftigten vom Markt gedrängter Firmen dabei, bessere Jobs in produktiveren Unternehmen oder im starken öffentlichen Sektor zu finden, sodass sie keine Arbeitslosigkeit fürchten mussten.

Drittens sollten Fonds in Kollektivbesitz der Arbeitenden eingerichtet und die Unternehmen dazu verpflichtet werden, jährlich kleine Anteile ihrer Profite in Form von Aktien an diese Fonds zu übertragen. So würden die Beschäftigten auf lange Sicht die Aktienmehrheiten kontrollieren und ihre Vertretungen demokratisch die Praxis der Unternehmen bestimmen können.

Diese Krönung des Schwedischen Modells scheiterte damals an Widerständen vonseiten der Konservativen, aber auch innerhalb der Sozialdemokratie. Das macht es zugleich auch zu einem mahnenden Beispiel: Will die Linkspartei es übertreffen, darf sie nie vergessen, dass die anderen politischen Kräfte – insbesondere konservative, aber auch vermeintlich progressive – alles daransetzen werden, einen solchen historischen Fortschritt entgleisen zu lassen.

Thomas Zimmermann ist Print Editor bei *Jacobin*.

Interview mit Paolo Gerbaudo

— geführt von Loren Balhorn

Vom Populismus zur Politik

»Das Volk fühlt sich nicht mehr vertreten, was einen seltsamen Zwischenraum schafft, der weder links noch rechts ist.«

Der Populismusforscher Paolo Gerbaudo erklärt, warum Rechtspopulismus heute besser funktioniert als Linkspopulismus und welche Rolle die digitale Demokratie bei der Wiederbelebung der Parteikultur spielen könnte.

Ist es wirklich sinnvoll, den allgemeinen Begriff »Populismus« zu verwenden, wenn wir über die disruptiven politischen Umbrüche der letzten Jahre sprechen? Schließlich unterscheiden sich Rechts- und Linkspopulismen in ihrer politischen Substanz doch gewaltig.

P.G. Ich denke, der Begriff erfasst eine allgemeine strukturelle Bedingung, nämlich die zerrissene Bindung zwischen den Vertretenen und den Vertretern. Antonio Gramsci nannte dies eine »organische Krise«: Das Repräsentativsystem bricht zusammen, und die Menschen versuchen stattdessen, direkt in die Maschinerie der Politik einzugreifen. Ich messe die Stichhaltigkeit eines Wortes nicht an seiner reinen Semantik oder Theologie, sondern daran, wie Menschen es verwenden, um historische Realität zu verstehen.

Man könnte argumentieren, dass der Begriff »Populismus« zu weit gefasst ist. Aber ich denke, er ist gerade deshalb so attraktiv, weil er dieses weitverbreitete Gefühl der politischen Unzufriedenheit, der Unruhe in der Bevölkerung und der Massenmobilisierung einfängt. Wir befinden uns nicht mehr in jener langen Ära der politischen Apathie, in der soziale Bewegungen schrumpften und die Wahlbeteiligung zurückging.

Wir leben jetzt in einer Zeit wachsender Mobilisierung und Politisierung, aber die Menschen schließen sich immer noch keinen traditionellen Organisationen an. Das kollektive demokratische Subjekt, das »Volk«, fühlt sich nicht mehr vertreten, was einen seltsamen Zwischenraum schafft, der weder links noch rechts ist. Dieses Terrain ist in vielerlei Hinsicht noch für beide Seiten offen.

Du argumentierst, dass der Populismus erst nach der Finanzkrise von 2007/8 entstanden ist. Was machte diesen Moment zu einem so fruchtbaren Nährboden?

P.G. Mit der Finanzkrise begann die Destabilisierung des neoliberalen Systems, das sich bis dahin als recht stabil erwiesen hatte. Es herrschte die weitverbreitete Überzeugung, dass der Markt grundsätzlich gut sei und die Politik sich nicht einmischen sollte. Die Krise offenbarte die tiefe Finsternis des Systems: Es war nicht nur die Ökonomie, die nicht funktionierte – auch die Politik versagte, da die politischen Parteien mit der Finanzklasse unter einer Decke steckten.

Anstatt ihre Fehler einzugestehen, verschlimmerten die Eliten die Lage noch, indem sie ihren Kurs fortsetzten und der Bevölkerung erhebliche ökonomische Schäden verursachten. Diese Sequenz war entscheidend dafür, dass eine neue Form der populistischen Wut, die bis dahin vor allem aus Lateinamerika bekannt war, auch nach Europa kam.

Die Krise der demokratischen Repräsentation, auf die der Populismus reagiert, reicht jedoch weiter zurück als in die 2000er Jahre. Können wir uns den populistischen Moment ohne den Niedergang der Massenparteien und der politischen Teilhabe der Nachkriegszeit vorstellen?

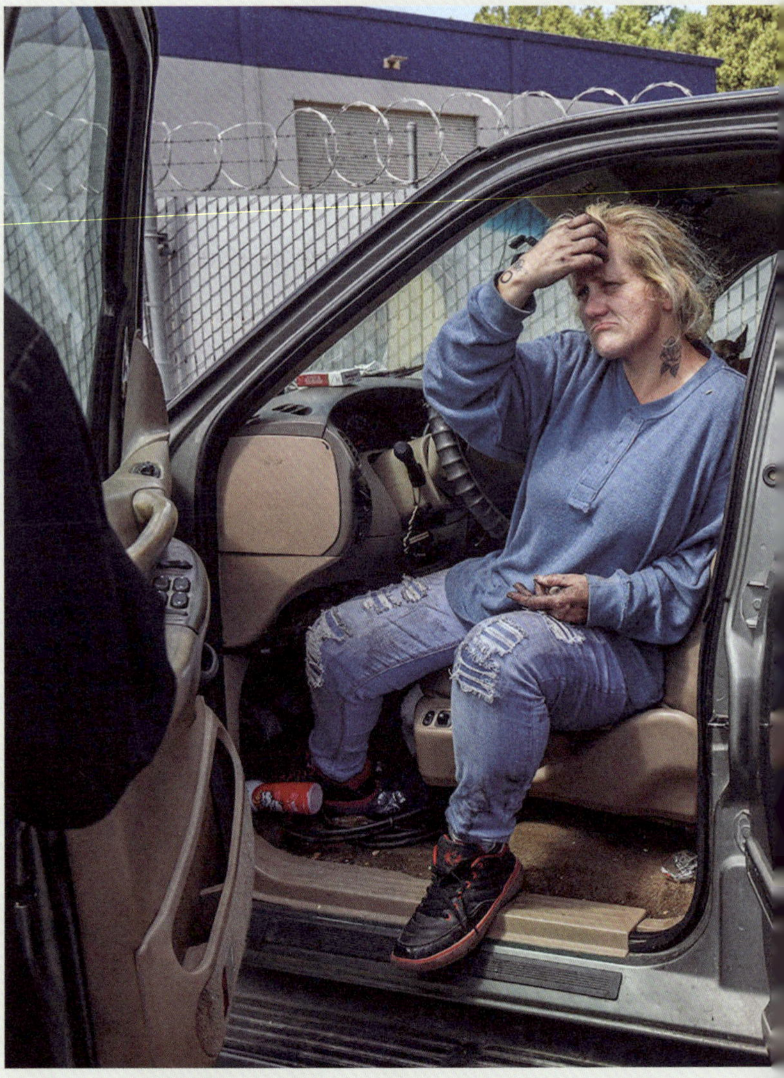

P.G. 2008 ist der Moment, in dem die Erosion des Systems plötzlich auf katastrophale Weise sichtbar wird, aber dies war nur möglich, weil das Gerüst der politischen Beteiligung bereits von innen ausgehöhlt war und den Menschen damit die traditionellen Mittel genommen waren, ihren Anliegen Ausdruck zu verleihen.

Was zunächst als Wirtschaftskrise erschien, verwandelte sich in eine akute und chronische Systemkrise, gerade weil unter dem Neoliberalismus keine politische Alternative möglich ist. Die Menschen mussten immer wieder feststellen, dass sie zwar wählen konnten, wen sie wollten, die Wirtschaftspolitik aber unverändert blieb.

Es mag etwas weit hergeholt klingen, aber könnten wir Parallelen zwischen unserer heutigen Zeit und dem Aufkommen der demokratischen Massenpolitik im 19. Jahrhundert ziehen?

P.G. In gewisser Weise befinden wir uns am anderen Ende dieser historischen Entwicklung, da die demokratischen Strukturen, die unsere Eltern und Großeltern kannten, formal noch vorhanden sind, aber nicht mehr wesentlich – das meinte Colin Crouch, als er den Begriff »Postdemokratie« prägte. Man

Obdachlosigkeit, einer der sichtbarsten Indikatoren für soziale Ungleichheit, nimmt überall zu, von San Francisco bis St. Pauli, unabhängig davon, welche Partei an die Macht gewählt wird. Ein klassischer Fall von Postdemokratie.

hat zwar noch seine Grundrechte und kann seine Meinung frei äußern, aber enorme wirtschaftliche Ungleichheiten machen es unmöglich, vollwertiger Bürger zu sein. Wie soll man sich sinnvoll in die Gesellschaft einbringen, wenn man nur ums Überleben kämpft?

In diesem Sinne hast Du recht, es gibt heute eine seltsame Parallele zu den Ereignissen vor 200 Jahren. Die Menschen sind nicht nur mittellos, sondern auch entrechtet, und infolgedessen wird die Demokratie als solche zu einem zentralen politischen Thema, wie sie es in der zweiten Hälfte des 20. Jahrhunderts nicht war. Ich denke, dass dies auch den Boden bildete für die Resonanz zwischen dem Arabischen Frühling und den Protesten in Südeuropa, die wir 2011 gesehen haben.

Was bieten der Rechts- und der Linkspopulismus als Gegenmittel zu dieser Demokratiekrise an?

P.G. Grob gesagt sind die Populisten, die gewinnen – egal ob links oder rechts –, diejenigen, die es schaffen, ihre Kernwählerschaft zu begeistern und von dort aus zu expandieren. Der Linkspopulismus hat also versucht, seine populäre Identität zurückzugewinnen oder zu erneuern und wieder zu etablieren, dass wir, die Linken, für das Volk sind, dass wir diejenigen sind, die sowohl für soziale Gerechtigkeit als auch für Demokratie kämpfen – nicht nur für individuelle Rechte, sondern auch für Solidarität. Wir sind der kollektive Schutzschild, sozusagen.

Der Rechtspopulismus versucht in gewisser Weise dasselbe, indem er einige der extremeren Elemente des Neoliberalismus selektiv aufgibt und verspricht, das Privateigentum zu schützen, aber auch den nationalen Markt vor ausländischer Konkurrenz und natürlich die Nation vor Migranten. Es geht immer noch um Verteidigung und Schutz, aber auf einer individualistischeren und rassistischeren Grundlage.

»Die Menschen mussten immer wieder feststellen, dass sie zwar wählen konnten, wen sie wollten, die Wirtschaftspolitik aber unverändert blieb.«

Obwohl sie auf der Prämisse gegründet wurde, dass traditionelle politische Parteien überholt seien, stellt Jean-Luc Melénchons La France Insoumise wohl das erfolgreichste – und beständigste – linkspopulistische Experiment Europas dar. Und dennoch zeigt ihre flexible, informelle Organisationsstruktur immer wieder Risse.

Diese rechte Spielart des Populismus scheint bislang wesentlich beständiger zu sein als die linke. Alexis Tsipras und Jeremy Corbyn, um nur zwei Beispiele zu nennen, sind längst Geschichte, während Rechtspopulisten in ganz Europa Wahlen gewinnen. Warum ist das so?

P.G. Es gibt einige Eigenschaften des Neoliberalismus, die den Rechtspopulismus gegenüber dem Linkspopulismus begünstigen. Die Verschmelzung von Neoliberalismus und Populismus ist das Schlüsselelement der neuen nationalistischen Rechten. Man kann das in den sozialen Medien beobachten: Der Rechtspopulismus ist auf Plattformen wie Facebook sehr erfolgreich, weil diese Plattformen darauf ausgelegt sind, Menschen süchtig zu machen, und welche Emotion macht süchtiger als Wut? Unabhängig von Mark Zuckerbergs politischer Einstellung begünstigt seine Plattform Politiker wie Trump, Salvini und Le Pen, weil ihre Rhetorik die Menschen an ihre Bildschirme fesselt.

So wird deutlich, wie die psychologische Landschaft des Liberalismus und die von ihm geschaffenen Pathologien einen sehr fruchtbaren Boden für nationalistische Populisten bieten. Ihre revanchistische Sprache und ihre Sündenbock-Politik, das von ihnen propagierte Modell negativer Solidarität, eignen sich perfekt, um die Enttäuschung über das System auszunutzen.

Diese Art von Gerissenheit fehlt der Linken im Vergleich. Wenn wir uns beispielsweise die Trump-Koalition ansehen, ist sie ideologisch überhaupt nicht kohärent – es gibt mehrere ideologische Projekte innerhalb dieser Koalition, von einer kalifornischen Neuen Rechten, die ziemlich libertär geprägt ist, bis hin zu einem eher national-populistischen Flügel mit einer ganz anderen Weltanschauung und Ethik. Trumps Koalition hat Risse und könnte natürlich irgendwann auseinanderbrechen, aber seine große Leistung besteht darin, dass er sie bisher zusammengehalten hat.

Von der Scharfmacherin zur Ordnungshüterin: Eine Welle der rechtspopulistischen Wut schleuderte Giorgia Meloni an die Spitze des gleichen Polit-Establishments, das sie bis dahin leidenschaftlich denunziert hatte.

Die Linke hingegen lässt sich unglaublich oft von ihrem eigenen Bemühen um ideologische Kohärenz aufhalten – mit Versuchen, Menschen auszuschließen, die als moralische Verräter angesehen werden, ganz im Stil religiöser Bewegungen. Strategische Fragen werden ständig wie Grundsatzfragen behandelt.

Eines der Probleme der Linken ist also, dass sie einfach zu prinzipientreu ist?

P.G. Ja, in gewisser Weise. Ich sage nicht, dass man opportunistisch und hinterlistig sein sollte, aber man muss sich bewusst sein, dass es immer eine gewisse Distanz zwischen dem eigenen moralischen Rahmen – den quasi-religiösen Prinzipien – und der politischen Strategie geben wird. Wir brauchen zwar eine Weltanschauung – Prinzipien, Werte, Ethik –, aber politisches Handeln bedeutet immer, mit einer Vielzahl von Widersprüchen umzugehen, insbesondere wenn man eine sehr zersplitterte Koalition zusammenhalten muss.

Das vielleicht größte Problem der Linken ist, dass die Koalition, die sie zusammenhalten muss, strukturell viel breiter ist als die der Rechten. Die Rechte vereint im Wesentlichen eine relativ geschlossene Bourgeoisie mit bestimmten unzufriedenen Teilen der Mittel- und Arbeiterklasse, die tendenziell recht sozial homogen sind. Die Koalition der Linken ist in Bezug auf Arbeitsbedingungen, Kultur, Lebensstil und so weiter viel vielfältiger. Das macht es viel schwieriger, einen gemeinsamen Rahmen und ein gemeinsames Ziel zu bestimmen. Es führt auch zu enormen organisatorischen Belastungen, die sich als Achillesferse vieler Linkspopulismen erwiesen haben.

Könnte man sagen, dass organisatorische Versäumnisse der Hauptgrund für die Niederlage von Syriza vor zehn Jahren waren?

P.G. Definieren wir den Populismus als eine Reihe von Bewegungen, die sich als Volksvertretungen gegen die Elite inszenieren, dann sehen wir, dass er dennoch in viele verschiedene Strategien münden kann. Giorgia Meloni beispielsweise ritt auf der populistischen Welle zur Macht, indem sie die Wut der Italiener auf das Establishment ausnutzte, den Austritt aus der Eurozone versprach und so weiter, und ist nun eine Verfechterin des Status quo. Allerdings hat sie dabei ihre Wählerbasis stabilisiert und sogar ausgebaut.

Tsipras kapitulierte natürlich 2015, aber Syriza hat sich von Anfang an auf eine Konfrontation eingelassen, die sie nicht gewinnen konnte. Innerhalb ihrer Wählerschaft gab es eine erhebliche Divergenz zwischen Mittelschichtwählern mit Ersparnissen und ein wenig Immobilien und einer eher proletarischen Basis. Diese beiden Gruppen waren in der Frage des Austritts aus der Eurozone unterschiedlicher Meinung. Letztendlich entschied sich Syriza dafür, den Mittelschichtanteil ihrer Koalition gegenüber dem proletarischen Anteil zu bevorzugen.

Im Kern der Niederlage stand jedoch das Versäumnis, eine Organisation aufzubauen. Das sagen uns griechische Genossen immer wieder: Syriza war ein Zusammenschluss sozialer Bewegungen und kleiner Organisationen, hat es aber nie geschafft, eine richtige Partei zu werden. In gewisser Weise besteht ein Widerspruch zwischen der Logik der schnellen Mobilisierung auf Basis einer starken, charismatischen Führung – was den Populismus seit 2008 auszeichnet – und dem Aufbau dauerhafter Organisationen. Letzteres erfordert, organisatorische Kapazitäten auszubauen und in den Nachbarschaften Wurzeln zu schlagen, was wiederum Zeit und Geld erfordert, die derzeit für kurzfristige Wahlkampagnen aufgewendet werden. Die Rechte hat dieses Problem nicht, da sie sich immer auf ihre reichen und mächtigen Gönner verlassen kann.

Kurz gesagt: Wenn der Linkspopulismus als politisches Projekt erfolgreich sein will, muss er zur Form der Massenpartei zurückkehren, die er zu überwinden versucht?

P.G. Ich denke, wir müssen definitiv zur Parteiform zurückkehren, aber auf eine radikal andere Weise als bisher. Warum brauchen wir das? Weil Parteien eine Reihe von Funktionen erfüllen, die uns derzeit fehlen: Bildung, Kaderaufbau und die Ausbildung von Führung. Es ist ein Wunder, wenn Menschen wie Zohran Mamdani aus dem Nichts auftauchen, aber solche Führungsfiguren sollten keine Zufälle sein. Was wir brauchen, sind Tausende solcher Menschen, die bereit sind, Wahlkämpfe auf allen Ebenen zu führen. Wie können wir das ohne eine Organisation mit Ressourcen, Kapazitäten und Strukturen erreichen?

Dennoch müssen wir erkennen, warum Menschen heute nicht mehr in Parteien eintreten – nicht weil sie dumm sind, sondern weil Parteien bestenfalls schlecht darin sind, sie anzusprechen, und sie im schlimmsten Fall sogar aktiv abschrecken. Das gilt insbesondere für die Mainstream-Parteien: Wenn Menschen, die man nicht kennt, plötzlich an Versammlungen teilnehmen, könnten sie ja anders abstimmen, als man es gerne hätte. Deshalb wird das Parteileben auf lokaler Ebene so unattraktiv wie möglich gestaltet.

Wie sieht es mit den Versuchen populistischer Gruppierungen wie Podemos oder La France Insoumise aus, »beratende« Online-Plattformen einzurichten, auf denen ihre Anhänger diskutieren und direkt abstimmen können? Stellen diese einen organisatorischen Fortschritt oder Rückschritt dar?

P.G. In meinem Buch The Digital Party argumentiere ich, dass diese plebiszitären Beratungen eine »realexistierende« digitale Demokratie darstellen, im Gegensatz zu der deliberativen und partizipativen Demokratie, die in den tech-utopischen Tagen versprochen wurde. Viele Menschen, darunter die meisten Parteimitglieder, haben weder die Zeit noch den Wunsch, sich in endlose Debatten zu verstricken.

»Das vielleicht größte Problem der Linken ist, dass die Koalition, die sie zusammenhalten muss, strukturell viel breiter ist als die der Rechten.«

In gewisser Hinsicht ist es demokratischer, einer großen Gruppe von Menschen eine vereinfachte Ja-Nein-Entscheidung zu ermöglichen, als einer selbstselektierten Minderheit die Möglichkeit zu geben, Dinge ausführlich zu diskutieren.

Das Problem ist, dass diese plebiszitären Beratungen oft als Propagandastunts genutzt werden, bei denen die Abstimmung fast ausnahmslos zugunsten der Führung ausfällt. Die Lösung für dieses Dilemma liegt meiner Meinung nach darin, eine gemischte innerparteiliche Demokratie zu entwickeln, in der solche Beratungen am Ende offener Diskussionen stattfinden und wirklich faire Wettbewerbe sind.

Würde eine Erneuerung der Massenparteien in diesem Sinne auch dazu beitragen, die Demokratiekrise zu bewältigen?

P.G. Auf jeden Fall. Wenn die Nachkriegszeit eine Art »goldenes Zeitalter« der Demokratie war, dann nicht einfach, weil die Menschen wählen gingen, sondern weil viel mehr von ihnen in Organisationen aktiv waren, die sie politisch alphabetisierten.

Demokratie ist ein Machtkampf zwischen unterschiedlichen gesellschaftlichen Gruppen, und die Mehrheit von uns, die weder Geld noch Einfluss hat, hat in diesem Kampf nur dann eine Chance, wenn wir gemeinsam kämpfen. Die Menschen verstehen das heute kaum noch, sie haben nie an einer politischen Versammlung teilgenommen oder sich in einer politischen Organisation engagiert. Aber letztendlich gibt es keine Erneuerung der Demokratie ohne eine Erneuerung der politischen Parteien.

Paolo Gerbaudo ist Senior Researcher für Sozialwissenschaften am Institut für Politikwissenschaft und öffentliche Verwaltung der Universität Complutense in Madrid und Mitglied des Alameda-Instituts. Er ist Autor mehrerer Bücher über den Wandel der zeitgenössischen Politik, zuletzt *The Great Recoil: Politics after Populism and Pandemic.*

Nach dem Hype

Im Anschluss an die Sensationserfolge in Graz und Salzburg ging die KPÖ bei den Nationalratswahlen leer aus. Jetzt widmet sie sich dem Aufbau in der Breite, um in Zukunft für solche und noch größere Herausforderungen gewappnet zu sein.

Magdalena Berger

In den ersten Wahlen nach der Pandemie gelang der KPÖ ein Sieg nach dem anderen. Elke Kahr wurde im November 2021 überraschend Bürgermeisterin von Graz, Kay-Michael Dankl exportierte das Grazer Modell nach Salzburg und holte damit 12 Prozent bei den Landtagswahlen 2023 und sogar 23 Prozent bei den Gemeinderatswahlen 2024. Pia Tomedi zog ebenfalls 2024 in den Innsbrucker Gemeinderat ein.

Für österreichische Linke wie mich – um die dreißig, noch nie konkrete politische Verbesserungen erlebt, die über den Bau eines Radwegs hinausgehen – verkörperte der Erfolg der KPÖ in den Bundesländern etwas, das es lange nicht gab: Hoffnung. Diese strahlte auch nach Deutschland aus. Nicht nur wir hier bei *Jacobin*, sondern weite Teile der linken bis linksliberalen Medienlandschaft veröffentlichten positive Bezugnahmen auf die KPÖ. »Zehn Punkte, die die KPÖ ganz anders macht«, titelte etwa der *Freitag*, in der *Taz* hieß es, die KPÖ gelte als »spannendste Linkspartei Europas«. Sogar die *Zeit* schrieb, die deutsche Linkspartei könne »von ihr lernen«.

Das Image einer sympathischen Kümmererpartei ist nicht ohne Weiteres auf die Bundesebene übersetzbar.

Und tatsächlich strebten Teile der Linkspartei mit einem Fokus auf das Thema Wohnen und Sozialsprechstunden eine »KPÖisierung« ihrer Partei an. Slogans wie »Abgehobene Gehälter führen zu abgehobener Politik«, die heute von Linkenpolitikern verwendet werden, kannte man davor bereits aus Österreich. Doch während die Linkspartei mit einem KPÖ-angehauchten Wahlkampf bei der vergangenen Bundestagswahl große Gewinne erzielte, blieben die Wahlerfolge in Österreich selbst zuletzt aus. Die KPÖ zog 2024 trotz Zugewinnen nicht in den Nationalrat und ebenso wenig in den Wiener Gemeinderat ein, bei der Landtagswahl in der Steiermark gab es sogar kleine Verluste.

Der große Hype der letzten Jahre ist also erst einmal gebrochen. Damit ist aber nicht gesagt, der Aufschwung der Partei sei an ein Ende gekommen. Die Ergebnisse zeigen vielmehr zwei Dinge: Erstens, dass die Partei überregional noch nicht weiß, wer sie sein will. Und zweitens, dass das Ziel der KPÖ – eine kommunistische Politik für das 21. Jahrhundert zu entwickeln – einen langen Atem brauchen wird.

Zu nett für den Nationalrat

Die KPÖ hat in den letzten Jahren veranschaulicht, wie man im städtischen Raum, wo die Miete so hoch wie die Sozialdemokratie schwach ist, eine solide Wählerbasis aufbauen kann. Es ist ihr gelungen, mit betonter Bodenständigkeit, Sozialsprechstunden, klaren Botschaften besonders in Sachen Wohnpolitik und lokaler Verankerung ein relevanter Faktor in der österreichischen Regionalpolitik zu werden.

Auch der Einzug in den Nationalrat war kein Hirngespinst – die Umfragen sahen die Partei in den Wochen davor etwa bei 3 von nötigen 4 Prozent. Aber im Wahlkampf zeigte sich auch, dass es immer noch viel zu wenig Leute in der Partei gab, um eine Kampagne dieser Größenordnung bewältigen zu können. Regionen wie das Südburgenland mussten etwa von Graz aus bespielt werden, in vielen Teilen des Landes war die KPÖ praktisch gar nicht wahrnehmbar.

Außerdem hat gerade die Nationalratswahl deutlich gemacht, dass das Image einer sympathischen Kümmererpartei nicht ohne Weiteres auf die Bundesebene übersetzbar ist. In lokalen oder kleineren regionalen Wahlen zählt das direkte Gespräch, die Nahbarkeit der jeweiligen Spitzenkandidaten. Hier können Mitglieder der KPÖ gut als die freundlichen Kommunisten von nebenan auftreten.

Die gesamtstaatliche Ebene, wo die Politik den Menschen viel ferner und dabei stärker medial vermittelt ist, lässt das jedoch kaum zu. Hier müsste die KPÖ antagonistischer gegenüber dem

Elke Kahr tritt 2026 erneut an, um Bürgermeisterin von Graz zu bleiben.

In Salzburg setzt sich die KPÖ dafür ein, den Wohnungsmarkt durch scharfe Kontrollen für Airbnbs zu entlasten.

Die Junge Linke bei der Internationalen Befreiungsfeier in der KZ-Gedenkstätte Mauthausen.

▲
Alleine seit Beginn des Jahres 2025 sind die Stromkosten in Österreich um ein Drittel gestiegen. Die KPÖ fordert dagegen schon länger einen Energiepreisdeckel.

Im Rahmen eines Pilotprojekts werden pflegende Angehörige bei der Stadt Graz angestellt, um sie langfristig vor Altersarmut zu bewahren.

Establishment auftreten. Dann könnte sie die verbreitete Unzufriedenheit mit der herrschenden Politik, die gegenwärtig von der rechten FPÖ mit ihrer vermeintlichen Fundamentalopposition monopolisiert wird, in soziale Bahnen lenken.

Gemischte Regierungsbilanzen

Obwohl der Einzug in den Nationalrat und die Landtage natürlich ein Ziel der KPÖ sein muss, zeigen die Erfahrungen aus Graz und Salzburg auch die Tücken, die die Integration in den staatlichen Verwaltungsapparat mit sich bringt. Aktuell sieht man in beiden Städten, dass die KPÖ zwar positive Akzente setzt, sich aber dem allgegenwärtigen politischen Spardruck nicht entziehen kann.

Mit dem Sozialfonds »Graz hilft« hat die Partei in der Steiermark etwa einen Mechanismus geschaffen, um Menschen in Notsituationen schnelle, unbürokratische Hilfe zu leisten. Auf Initiative von Stadtrat Robert Krotzer werden im Rahmen eines Pilotprojekts pflegende Angehörige bei der Stadt angestellt, um sie langfristig vor Altersarmut zu bewahren. In Salzburg hat Vizebürgermeister Dankl etwa für die Vereinfachung der Wohnungsvergabe und den Bau von leistbaren Mietwohnungen gesorgt. Solche Fortschritte gibt es einige.

Aber sowohl in Graz als auch in Salzburg wurden gleichzeitig die Preise beispielsweise von Öffi- oder Freibadtickets trotz KPÖ-Regierungsbeteiligung erhöht. Die Stadt Graz hat die teuersten Öffi-Tickets in ganz Österreich. Das ist zwar nicht die Schuld von Bürgermeisterin Elke Kahr, sondern liegt an einem Mechanismus des steirischen Verkehrsverbundes, der die Tarife von alleine um das bis zu 1,75-Fache der Inflation erhöhen darf. Trotzdem steht diese Realität im Gegensatz zum KPÖ-Wahlprogramm aus 2021, in dem die Abschaffung eben dieser automatischen Preiserhöhung gefordert wurde.

Als lokale Regierungspartei kann die KPÖ also Verbesserungen erringen, aber nicht mit dem Status quo brechen. Ob das die Basis der Partei zufrieden stellt oder nicht, wird sich bei kommenden Wahlen zeigen. Elke Kahr hat kürzlich verkündet, dass die wieder als Bürgermeister-Kandidatin antreten wird.

Die mühsame Kleinarbeit der Solidarität

Wer heute mit Leuten aus dem KPÖ-Umfeld spricht, seien es Funktionäre, einfache Mitglieder oder Sympathisanten, redet trotz der aufreibenden Wahlkämpfe von 2024 und den Begrenzungen der Regierungsarbeit nicht mit einer Organisation, der die Luft ausgegangen ist. Im Gegenteil: Fast alle bewerten die Entwicklungen und Ergebnisse der letzten Jahre positiv. »Wir sind wieder zu einem politischen Faktor geworden«, ist ein Satz, der in Gesprächen immer wieder fällt.

Viele freuen sich geradezu, nach dem österreichischen Superwahljahr wieder mehr Energie in das Herzstück der KPÖ-Praxis stecken zu können: den Ausbau von solidarischen Projekten. Diese klingen zunächst banal und bekannt: gemeinschaftliche Küchen, Sozialberatung, Nachhilfe. Aber im Konkreten zeigen sich Unterschiede zu gängiger linker Praxis. Im Gegensatz zu vielen Küfas sind KPÖ-Küchen wie die Pizza Comunista oft *fancy*. Selbstgemachte Kürbis-Gnocchi mit Parmesan oder neapolitanische Pizza statt undefinierbarer veganer Eintöpfe sorgen dafür, dass das ganze Projekt weniger den Geschmack einer Hilfsleistung und mehr eines genussvollen Zusammenkommens in der Nachbarschaft hat.

So ähnlich funktioniert auch das Lernnetz, bei dem gratis Nachhilfe für Schülerinnen und Schüler gegeben wird. Die Idee der KPÖ-Jugendorganisation Junge Linke ist nicht, dass jeder Neunjährige mit Mathematik-Problemen den Raum als geschulter Parteikader verlässt. Es geht vielmehr darum, dass Menschen langfristig eine positive Verbindung zur KPÖ oder einer ihrer Jugendorganisationen aufbauen.

Diese Arbeit ist mühsam und verlangt politische Ausdauer von den Mitgliedern. Aber eine linke, kommunistische oder sozialistische Partei, die es ernst damit meint, die einfachen Leute zu ermächtigen, kommt heute nicht um eben diesen kleinteiligen Aufbau herum. Jahrzehnte des neoliberalen Kapitalismus haben zerstört, dass sich Menschen auch nur als gemeinschaftliche politische Subjekte wahrnehmen. Genau in diese Lücke versucht die KPÖ mit ihren solidarischen Projekten zu gehen.

Eine Vision für Österreich und darüber hinaus

Der Parteiaufbau schreitet also weiter voran, neue Mitglieder werden an neue Aufgaben herangeführt. Das betrifft alle Bereiche, vom Aufbau einer eigenen medialen Gegenöffentlichkeit bis zum Versuch der Parteientwicklung in Gebieten, die das komplette Gegenteil von bisherigen KPÖ-Hochburgen sind, wie etwa im Flächenbundesland Niederösterreich. Auch den Ortschaften im Umland von Graz und Salzburg, in denen die KPÖ noch minimale Strukturen besitzt, soll neues Leben eingehaucht werden.

Das aktuell wohl wichtigste Projekt ist allerdings die Formulierung einer einheitlichen Linie für die Bundespartei. Theoretisch ist die 1918 gegründete KPÖ eine uralte Partei, praktisch stand sie aber bis vor kurzem zwanzig Jahre still. Seit Anfang der 2000er Jahre gingen die Bundespartei und die Landesorganisation der Steiermark großteils getrennte Wege. Erst seit ein paar Jahren nähert man sich einander wieder an. Nicht nur, aber auch deshalb war die bundesweite Perspektive lange unterentwickelt und fehlte es an einer gemeinsamen Idee.

Die große Vision für den Sozialismus des 21. Jahrhunderts hat die KPÖ noch nicht entwickelt. Wie man dorthin kommt, ist die zentrale Frage, vor der nicht nur Linke in Österreich, sondern auch überall sonst stehen. Österreich ist aufgrund seiner überschaubaren Größe und geopolitischen Irrelevanz aber die ideale Spielwiese, um das in den kommenden Jahren herauszufinden. ◻

Die Junge Linke am internationalen Tag gegen Gewalt an Frauen. 2024 gab es in Österreich 27 Frauenmorde.

KPÖ-Bundessprecher Tobias Schweiger lädt zur Pizza Comunista.

Magdalena Berger ist Assistant Editor bei *Jacobin*.

In der New Yorker Bürgermeisterwahl sind die Fronten geklärt: Während der Linke Zohran Mamdani in Umfragen führt, sucht der »Demokrat« Andrew Cuomo die Unterstützung Donald Trumps.

Nick French

Donald Trump oder Zohran Mamdani?

Seit den Vorwahlen der Demokratischen Partei in New York City am 24. Juni ist klar: Der demokratische Sozialist Zohran Mamdani wird der einzige Anti-Trump-Kandidat für das Bürgermeisteramt sein.

Schon vor den Primaries war klar, dass der amtierende demokratische Bürgermeister Eric Adams im Wesentlichen zu einem Vasallen Donald Trumps geworden ist. Eine Hand wäscht offenbar die andere, wenn die Trump-Regierung die Bundesstaatsanwaltschaft von New York anweist, keine Korruptionsermittlungen gegen Adams einzuleiten und der Bürgermeister sich im Gegenzug willig zeigt, den Präsidenten bei seiner aggressiven Abschiebepolitik zu unterstützen.

Adams, dessen Ruf bei der Demokratischen Wählerschaft im Keller ist, hatte auf eine erneute Kandidatur bei den Vorwahlen der Partei verzichtet und plant stattdessen, als Kandidat auf gleich zwei parteiunabhängigen Listen zu kandidieren: »EndAntiSemitism« sowie »Safe&Affordable«. (Nach Ansicht der New Yorker Wahlkommission darf er zwar nur auf einer Liste kandidieren, doch Adams ist nicht gerade dafür bekannt, sich an Vorschriften zu halten.)

Ebenso gab es von Anfang an reichlich Gründe, zu bezweifeln, dass der vormalige Gouverneur Andrew Cuomo als Bürgermeister Trump die Stirn bieten würde. Im April betonte der Präsident gegenüber der Presse, er sei mit Cuomo »immer gut ausgekommen«. Während des Primary-Wahlkampfs erinnerte Mamdani zudem daran, dass Cuomo massive finanzielle Unterstützung von einigen der großen Geldgeber erhält, die bei den Präsidentschaftswahlen 2024 Trump unterstützten, darunter der milliardenschwere Hedgefonds-Manager Bill Ackman.

Kürzlich berichtete die *New York Times*, der Präsident könnte sich in die Bürgermeisterwahl von New York City einmischen. Trump habe mit

Übersetzung ◂ **Tim Steins**

mehreren Politikern und Wirtschaftsführern über die Wahl gesprochen. Gemeinsam wolle man entscheiden, wer am besten geeignet sei, Mamdani zu schlagen. Es soll sogar direkte Gespräche mit Cuomo gegeben haben, der nach seiner demütigenden Niederlage gegen Mamdani in den Vorwahlen seine unabhängige Kandidatur für das Bürgermeisteramt angekündigt hat.

Trump macht keinen Hehl aus seiner Verachtung für Mamdani, den er als einen »kommunistischen Irren« bezeichnet. Er deutete sogar an, Mamdani könne aus den USA ausgewiesen werden, und drohte, der Stadt Bundesmittel zu entziehen und den demokratischen Sozialisten verhaften zu lassen, sollte er sich als Bürgermeister in die Arbeit der Einwanderungsbehörde ICE einmischen.

Wenn Mamdani tatsächlich Bürgermeister von New York City wird, dann wird er sich mit einer ihm feindlich gesinnten Regierung in Washington auseinandersetzen müssen. Der Bericht der *New York Times* zeigt aber noch eine weitere beunruhigende Wahrheit auf: Einige zentristische Demokraten sind offenbar bereit, sich mit einem reaktionären und autoritär agierenden Präsidenten zu verbünden, der von den Wählerinnen und Wählern der Demokratischen Partei verachtet wird, wenn sie dadurch Mamdani vom New Yorker Rathaus fernhalten können.

Die New Yorker wissen nun Bescheid über die Prioritäten von Personen wie Cuomo und seinen vermeintlich »moderaten« Verbündeten in der Demokratischen Partei – beispielsweise Mark Penn, der als Wahlkampfberater für die Clintons tätig war, oder der ehemalige Präsident des New Yorker Stadtrats Andrew Stein. Beide haben laut Berichten versucht, Trump davon zu überzeugen, dass Cuomo der beste Kandidat sei, um Mamdani zu schlagen. Der zentristische Flügel der Demokraten steht Mamdanis Forderungen nach höheren Steuern für Reiche, einem Mietpreisdeckel und dem Ausbau öffentlicher Dienstleistungen sowie seiner klaren Ablehnung von Israels Völkermord und Apartheid derart feindselig gegenüber, dass er bereit ist, die Schützenhilfe eines US-Präsidenten in Anspruch zu nehmen, der die bürgerlichen Freiheiten, das soziale Sicherheitsnetz und die Arbeiterrechte gnadenlos attackiert.

Trumps Gespräche mit Cuomo und anderen Anti-Mamdani-Demokraten werfen außerdem ein neues Licht auf die Tatsache, dass viele Parteigranden Mamdani öffentlich keine Rückendeckung geben. Trotz des überwältigenden Sieges des demokratischen Sozialisten in der Vorwahl haben die ranghöchsten Demokraten im Bundesstaat New York ihre offizielle Unterstützung bisher verweigert. Weder Gouverneurin Kathy Hochul noch die Senatoren

Einige zentristische Demokraten sind offenbar bereit, sich mit einem reaktionären und autoritär agierenden Präsidenten zu verbünden, wenn sie dadurch Mamdani vom New Yorker Rathaus fernhalten können.

Chuck Schumer und Kirsten Gillibrand noch der Minderheitsführer im Repräsentantenhaus, Hakeem Jeffries, haben Mamdani für die Bürgermeisterwahl empfohlen. Zwar scheint auch keiner von ihnen gewillt, potenzielle Mamdani-Gegner zu unterstützen. Auch hat Hochul Trumps Drohungen, Mamdani verhaften und abschieben zu lassen, kritisiert. Dennoch ist die Zurückhaltung im Wahlkampf ein Armutszeugnis für das politische Engagement dieser Führungsfiguren der Demokraten.

Mamdani hat die Mehrheit der Demokratischen Wählerschaft in New York City hinter sich. Außerdem unterstützen ihn inzwischen die meisten großen Gewerkschaften der Stadt sowie immer mehr linke Politikerinnen und Politiker auf nationaler, bundesstaatlicher und lokaler Ebene, darunter die Kongressabgeordnete Alexandria Ocasio-Cortez, Senator Bernie Sanders und Senatorin Elizabeth Warren. Mamdanis Gegner hingegen genießen den Rückhalt von Trump und rechten Milliardären wie Bill Ackman und Daniel Loeb. Hinzu kommt die israelfreundliche Lobby, der jeder Kandidat ein Dorn im Auge ist, der öffentlich Sympathie für palästinensische Menschen äußert.

New York steht vor einer veritablen Richtungsentscheidung. Ähnliches dürfte sich zunehmend auch in der landesweiten Politik entwickeln: Wenn die Establishment-Demokraten ihre Panik vor Menschen wie Mamdani nicht überwinden, zeigen sie sich damit nicht nur als Feinde einer Politik, die die Arbeiterklasse in Städten wie New York so dringend braucht. Obendrein stellen sie sich auf die Seite von Trump – dem Mann, gegen den sich ihre Partei seit rund zehn Jahren verbissen abgegrenzt und definiert hat.

Nick French ist Associate Editor bei Jacobin.

ESSAY

DER ANGSTGEGNER BESTIMMT DAS SPIEL

Nils Kumkar

Die extreme Rechte hat von Lenin gelernt, wie man die Menschen gegen das Establishment aufbringt. Eine Linke, die mit der Mitte verschmelzen will, kann dagegen nur verlieren.

Illustration ◂ **Daniel Garcia**

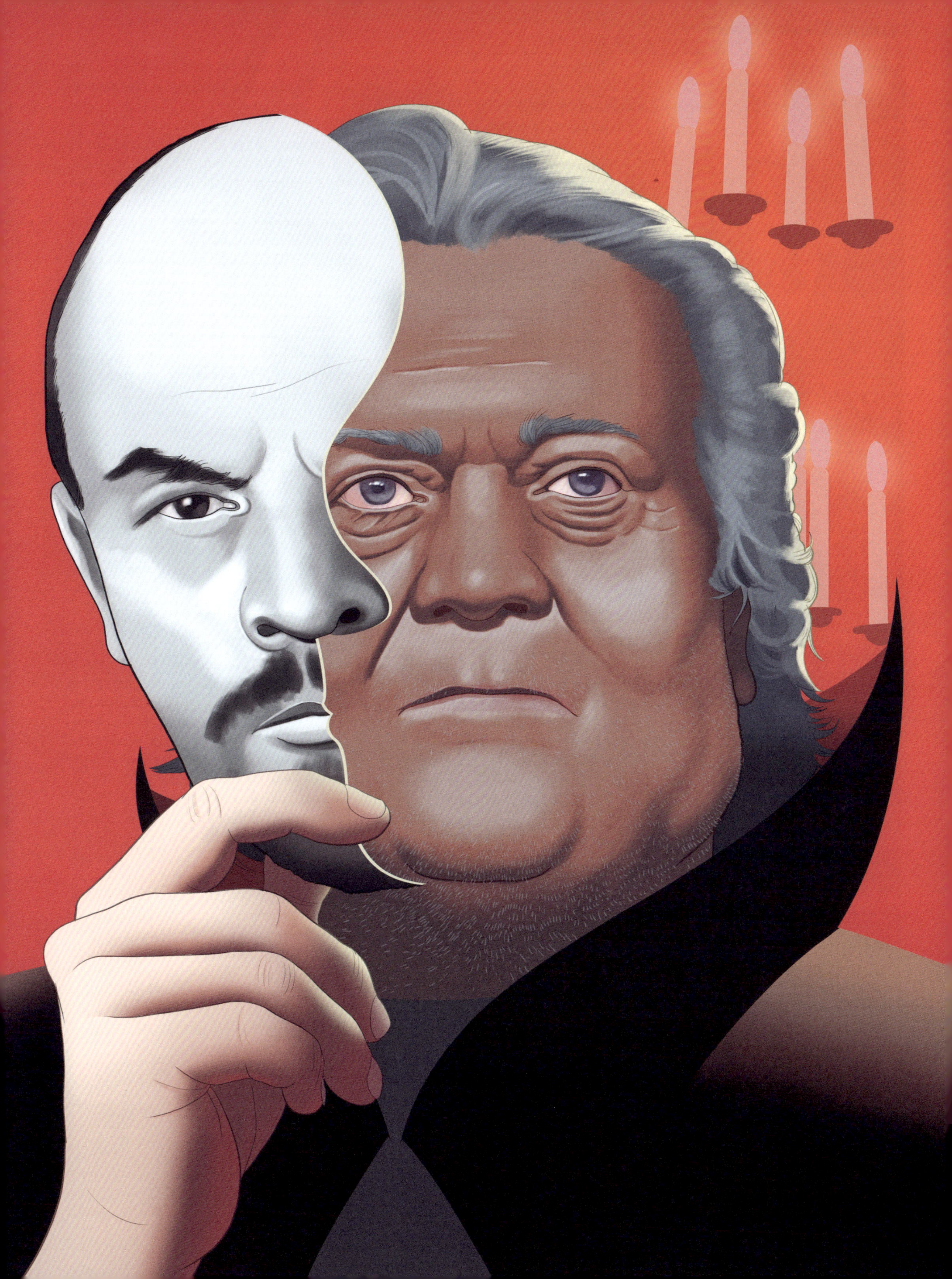

»Ich bin ein Leninist«, soll Steve Bannon einmal gesagt haben, »Lenin wollte den Staat zerstören und das will ich auch. Ich will alles abreißen und das gesamte Establishment in die Knie zwingen.« Das war 2013, vier Jahre bevor er zum Chefstrategen Donald Trumps ins Weiße Haus berufen wurde. Damals wurde in der Republikanischen Partei heiß debattiert, ob die Linie der sogenannten Tea-Party-Republikaner, durch eine Strategie der maximalen Konfrontation – inklusive des Inkaufnehmens des Staatsbankrotts der USA – die Obama-Administration im Streit um die Einführung einer allgemeinen Krankenversicherung zum Einlenken zu zwingen, nicht kontraproduktiv sei, weil es Bündnispartner und die Wählerschaft verschrecken würde. Von einem Journalisten auf diese Sorge angesprochen, antwortete er, deren Vertreter gehörten ebenfalls zum Establishment und auch sie würde er in die Knie zwingen.

Steve Bannon ist ohne Frage ein Troll, der Freude an der Provokation hat – insofern sollte man sicherlich vorsichtig mit seinen politischen Selbstbekenntnissen sein. Schließlich hat er an anderer Stelle seine Strategie auch mit Verweisen auf Satan, Darth Vader und Dick Cheney erläutert. Aber nicht zuletzt, weil er über zwölf Jahre seine damaligen Gegner in der Republikanischen Partei in der Tat ein ums andere Mal auf seinen Kurs der maximalen Eskalation zwingen konnte und das Weiße Haus sich heute mehr an seiner Strategie zu orientieren scheint als in Donald Trumps erster Amtszeit, lohnt es sich dennoch, diese Anekdote nicht einfach abzutun.

Denn bei aller Aufmerksamkeit, die dem Verständnis der Strategien der extremen Rechten in den letzten Jahren zuteilgeworden ist, wurde dieser Aspekt zu wenig beleuchtet: Bis in die 1970er zurück lässt sich vor allem in der US-amerikanischen libertären Rechten ein Debattenstrang ausmachen, der sich um die Frage dreht, wie man als radikale Avantgarde die konservative Rechte kapern und auf einen – dem Selbstverständnis nach – revolutionären Kurs bringen könne. Ein wichtiger Bezugspunkt dabei war der Leninismus, den man als politischen Gegner, aber eben auch als strategisches Vorbild verstand. Nun ist dies ein sehr spezifischer Leninismus, der mindestens so viel über seine Rezipienten wie über die Theorie und Praxis seines Namensgebers aussagt: Lenin wurde eben vor allem als Theoretiker des revolutionären Umsturzes gelesen, dessen Schriften in erster Linie daraufhin befragt wurden, inwiefern seine strategischen Überlegungen zur Revolution auch für die eigenen, diametral entgegengesetzten politischen Ziele nutzbar gemacht werden könnten.

Um besser erfassen zu können, warum und inwiefern diese Strategie greifen konnte – und warum sie notwendig ein »halbierter Leninismus« bleibt – muss man sich kurz vergegenwärtigen, an welchen Bruchstellen des modernen demokratischen Systems sie ansetzen kann. In der gebotenen Kürze werde ich darum skizzieren, warum konservative Parteien anfällig für solcherlei Kapereien sind und warum moderne Demokratien eine Tendenz zum Konfliktspektakel haben. Dann umreiße ich anhand eines prominenten Theoretikers der US-Libertären, Murray Rothbard, warum ausgerechnet Lenin so ein wichtiger Bezugspunkt des Strategisierens war. Schlussendlich möchte ich zumindest andeuten, wie ein politischer Umgang mit dieser Strategie aussehen könnte und, vielleicht noch wichtiger, wie nicht.

Polarisierung sells

Das »konservative Dilemma« seit der Etablierung der Massendemokratien speist sich daraus, so kann man die Arbeiten des US-amerikanischen Politikwissenschaftlers Daniel Ziblatt zuspitzen, dass eigentlich niemand sie mag. Oder, weniger schnippisch: Es besteht darin, dass Eliten nur sehr wenige Wahlstimmen haben, sich die konservative Agenda zur Verteidigung der bestehenden Ordnung aber nun einmal an den Interessen dieser (vor allem: Wirtschafts-)Eliten ausrichtet. Um über Klassengrenzen hinweg mobilisieren zu können – das ist ja eine der wichtigsten Funktionen der vielbeschrienen Kulturkämpfe –, sind sie deshalb darauf angewiesen, dass zivilgesellschaftliche Organisationen sie als Bündnispartner in ihren eigenen Kämpfen verstehen und sie darum politisch unterstützen.

Traditionell sind hier vor allem die großen Kirchen, aber auch diverse Sitten- und Moralvereinigungen wichtig gewesen, die auf der einen Seite die Stimmen für die Konservativen

»Lenin wollte den Staat zerstören und das will ich auch. Ich will alles abreißen und das gesamte Establishment in die Knie zwingen.«

organisierten, auf der anderen Seite aber auch ihre Programme prägen konnten: Der Pastor predigt am Sonntag, dass man CDU wählen soll, und die CDU macht sich im Gegenzug für die Moralvorstellungen der Kirche stark. Die Mitglieder des Heimatvertriebenenverbandes wählen selbstverständlich CDU und die hält im Gegenzug wider alle geopolitische Realität bis 1990 daran fest, die Oder-Neiße-Grenze zu Polen nicht anzuerkennen.

Gleichzeitig bindet die CDU als »Volkspartei« – und das heißt eben vor allem: Regierungspartei – diese Organisationen auch an die politische Ordnung zurück: Die Kirche muss sich dann eben, wenn auch zähneknirschend, mit der Modernisierung von Sittenvorstellungen arrangieren und die Heimatvertriebenenverbände werden immer weiter vertröstet, bis man ihre Hoffnungen auf revisionistische Grenzverschiebungen dann doch irgendwann, wenn der Gegenwind dafür kalkulierbar geworden ist, zerstreut.

So weit, so klassisch gramscianisch. Das Problem ist aber nun, dass es mit diesen zivilgesellschaftlichen Organisationen aus diversen Gründen nicht mehr so weit her ist: An ihre Stelle sind hyperpolitische Quasi-Organisationen getreten, die, wie die evangelikalen Megachurches in den USA, um einzelne Unternehmerfiguren aufgebaut sind, oder – wie die Online-Schwärme der extremen Rechten, die Verschwörungsszenen rund um charismatische Untergangspropheten oder die angstlustige Leserschaft der Boulevardpresse – vor allem durch die Bewirtschaftung von Aufregung ihr Publikum an sich binden. Es sind also keine Mitgliederorganisationen, die die Interessen ihrer Mitglieder irgendwie miteinander vermitteln müssen, sondern Publikumsorganisationen, die von der Erregung ihres Publikums leben, das sie wie Kunden an sich binden. Das heißt aber: Diese Organisationen leben von ihrer eigenen Radikalisierung – und in vielen Fällen reißen sie dabei die konservativen Parteien einfach mit sich.

Eine der in diesem Kontext oft artikulierten Befürchtungen von konservativer Seite ist nun, dass man sich damit »unwählbar« machen könnte – spiegelbildlich ist das gerade von Linksliberalen mitunter geradezu herbeigefiebert worden. Es ist wohl keine Verschwörungstheorie, anzunehmen, dass zum Beispiel in Hillary Clintons Wahlkampfstab die Korken knallten, als sich herausstellte, dass die Republikaner ausgerechnet Donald Trump zum Präsidentschaftskandidaten küren würden: Den kann ja niemand wählen wollen?

Paradoxerweise ist es aber so, dass genau dieser Kurs von den Wählerinnen und Wählern durchaus goutiert wird. Es scheint fast, als wäre die permanente Radikalisierung sogar ein Erfolgsrezept. Paradox erscheint das allerdings nur, weil viele Beobachterinnen und Kommentatoren dazu tendieren, die Selbstrechtfertigung der modernen Demokratie für ihre beste Beschreibung zu halten. Und in der Tat, wenn man davon ausgeht, dass Menschen Parteien wählen, weil sie sich und ihre Interessen in ihren Programmen aufgehoben sehen, dann ist es ein Rätsel, warum eine nur knappe Minderheit derjenigen, die 2016 und 2020 sowie eine knappe Mehrheit derer, die 2024 zur Präsidentschaftswahl in den USA ihre Stimme abgaben, diese Donald Trump gaben.

Wenn es nun aber so ist, dann muss man genau diese Annahme vielleicht auf den Prüfstand stellen: Moderne, sich massenmedial selbst beobachtende Publikumsdemokratien funktionieren so einfach nicht. »Realistische« Wirtschaftspolitik, die darauf zielt, das Geschäftsmodell von Unternehmen zu bedienen, um ihre eigene Reproduktion zu gewährleisten, geht in allerlei Hinsicht ständig über die unmittelbaren Interessen der Lohnarbeitenden hinweg. Die vielfältig sich widersprechenden und überlappenden Interessen einer Millionenwählerschaft lassen sich höchstens punktuell und für sehr begrenzte Gruppen so bündeln, dass daraus überhaupt so etwas wie ein Programm entwickelt werden

könnte – und spätestens, wenn diese Programme dann in Koalitionsverhandlungen (oder, wie im Falle der Zweiparteiensysteme, in den Parteien selbst) zu gemeinsamen Entscheidungsvorlagen verknüpft werden sollen, dann geht davon auch wieder ein Großteil über Bord.

Es mag Menschen geben, die dennoch ihre Weltsicht in ihrer Partei aufgehoben sehen oder zumindest diesen Aushandlungsmodus selbst für so wertvoll halten, dass sie fast schon heroisch trotz alledem *für* eine Partei stimmen. Gerade bei denen, die von Berufs wegen oder im leidenschaftlichen Ehrenamt mit der Besprechung von Politik befasst sind, dürfte das häufiger vorkommen. Die meisten Menschen werden aber viel eher davon an die Urne getrieben, dass sie *gegen* etwas stimmen können. 75 Prozent der Wählerinnen und Wähler der SPD bei der jüngsten Landtagswahl in Brandenburg gaben zum Beispiel an, diese Partei in erster Linie gewählt zu haben, um eine starke AfD zu verhindern. Diese wiederum wurde von der Hälfte ihrer Wählerschaft gewählt, um den anderen eins auszuwischen.

Im internationalen Vergleich zeigt sich, dass die Wahlbeteiligung vor allem dann steigt, wenn Menschen den Eindruck haben, dass die zur Wahl stehenden Parteien in maximaler ideologischer Distanz zueinander stehen – und nicht, wenn sie sich in ihren Programmen besonders gut aufgehoben fühlen. Massenmedial, parteipolitisch und im alltäglichen Diskurs über Politik gilt: *Polarisierung sells*. Die ständige, händeringende Beteuerung, man selbst wolle das ja gar nicht, es seien die anderen, die polarisieren und einem die Gegenposition quasi in die Hand zwingen, wirkt dem nicht nur nicht entgegen, sondern ist selbst eine Polarisierungsstrategie.

Es ist ein wichtiger Teil des Erfolgsrezepts der extremen Rechten in den vergangenen Dekaden, genau das nicht einfach nur »mitgespielt« zu haben (das tun alle): Sie haben es zur Richtschnur ihres Handelns gemacht. Die AfD nennt sich »Alternative für Deutschland« und hat damit als einzige Partei im Bundestag ihre Identität nicht irgendwie positiv benannt – sie ist dem Namen nach einfach die »andere« Partei. Man kann die »Drain-the-swamp«-Rhetorik der Republikaner angesichts ihrer eigenen Verstricktheiten in die ökonomischen und politischen Eliten verlogen finden und die Kettensägenästhetik von Mileis Sozialkahlschlag obszön – aber es ist ihnen eben

Die Wahlbeteiligung steigt vor allem dann, wenn Menschen den Eindruck haben, dass die zur Wahl stehenden Parteien in maximaler ideologischer Distanz zueinander stehen – und nicht, wenn sie sich in ihren Programmen besonders gut aufgehoben fühlen.

gelungen, die anderen Parteien in die Rolle der Verteidigung des Bestehenden zu drängen. »Make America Great Again« mag ein bekloppter Slogan sein, aber wenn die Gegenseite darauf mit »America is already great« antwortet, wie es die Kampagne von Hillary Clinton 2016 tat, dann ist das, angesichts der Lebensrealität vieler Menschen, ein noch viel beklopppterer Slogan und eine Unverschämtheit obendrein.

Es ist der extremen Rechten also gelungen, den Leuten glaubhaft zu vermitteln, dass sie zu wählen eine Stimme gegen alle anderen ist – und die einen wählen sie darum, die anderen genau darum nicht, aber (fast) alle bestätigen sie in dieser Performance als Fundamentalopposition. »Sie sind gegen ihn, weil er für Euch ist«, hieß das bei Jörg Haider damals und wird seitdem in unzähligen Varianten wiederholt.

Libertäre Lenin-Lektüre

1992 veröffentlichte der rechtslibertäre Ökonom Murray Rothbard das Pamphlet »Right Wing Populism: A Strategy for the Paleo Movement«. Die Paläo-Bewegung war sein Wunschtraum einer Fusion aus extremer Rechter und Libertarismus, der sich damals vor allem aus zwei Achtungserfolgen speiste: dem des ehemaligen Ku-Klux-Klan-Großmeisters David Duke beim Rennen um einen Senatorensitz für den Bundesstaat Louisiana, sowie der Kampagne des Erzkonservativen Patrick »Pat« Buchanan,

Die meisten Menschen finden sich in den meisten Bereichen des modernen demokratischen Lebens in Publikumsrollen gebannt: Sie lernen in Schule und Universität, sie lehren nicht. Sie konsumieren Medien, die andere bespielen. Sie wählen Repräsentanten, aber werden regiert.

der George Bush als Präsidentschaftskandidat der Republikaner herausgefordert hatte. Beide Kampagnen scheiterten am Ende, hatten aber deutlich gemacht, dass das klassisch-konservative Establishment der Republikanischen Partei seine Basis nur noch sehr begrenzt im Griff hatte. An diese spezifische Konstellation der extremen Rechten in den USA dürften sich heute nur noch (Hobby-)Historiker erinnern, aber Murray Rothbards Beschreibung dieser Kampagnen als Blaupause für eine Strategie der extremen Rechten hat den Moment überdauert.

Nachdem Rothbard jahrzehntelang in der libertären Kleinstpartei Strategiedebatten geführt hatte, die fast immer die Frage bearbeiteten, wie man vom Erfolg der Bolschewiki in der Russischen Revolution lernen könne, fasst er die Ergebnisse dieser Debatten hier knapp zusammen: Es gelte, die Strategie darauf auszurichten, gegen ein vermeintlich etatistisches System zu kämpfen. Bei jeder Gelegenheit müsse man die Massen gegen den Staat aufbringen und offenlegen, dass alle etablierten politischen Kräfte diesen Staat repräsentieren und daher mitbekämpft gehören. Es gelte, den Widerwillen der Leute dagegen, überhaupt regiert zu werden, in Hass auf den Staat umzuwandeln und als politisches Kapital für den Kampf um die Regierung eben dieses Staates zu nutzen.

Richtungsforderungen dienen dabei vor allem dazu, diesen unversöhnlichen Widerspruch immer wieder zuzuspitzen, um genau das zu verdeutlichen: Verpflichtende Schulgebete dürften ihm als Libertären kein Herzensanliegen gewesen sein – dennoch macht er sich dafür stark, die Menschen darin zu bestärken, sie zu fordern, wo das dazu führt, dass sie die Bildungspolitik der Regierung ablehnen. Gerade die Konservativen stellt er dabei immer wieder als »Menschewiki« ins Zentrum seines Spotts.

Wo diese einem entgegenhielten, dass man unrealistisch sei, weil man die Uhr zurückdrehen wollte, da entgegne man ihnen, dass man diese Realität ablehnt und deren Zeitrechnung zertrümmern wolle. Und, vor dem Hintergrund aktueller Debatten, vielleicht noch wichtiger: Wo einem entgegengehalten werde, man mache eine Politik des Ressentiments, da gelte es zu erwidern, dass die gegenwärtige Gesellschaft nichts anderes als Ressentiment und Abscheu bei einem vernünftigen Menschen auslösen könnte. Mit Blick auf die eigenen Reihen sei es dabei wichtig, immer wieder die Irrwege des Lobbyismus auf der einen und der fruchtlosen Grassroots-Politik auf der anderen Seite zu vermeiden – in früheren Texten hatte er hier, noch näher am Original, von den Irrwegen des Reformismus und des Radikalismus gesprochen – und sich ganz darauf zu konzentrieren, die große Bühne der Politik für die permanente Agitation der Massen zu nutzen.

Die Agitation zielt allerdings nicht darauf, diese Massen in irgendeiner Form zu organisieren. Ganz im Gegenteil geht es darum, sie dauerhaft als gespannte Zuschauer vor dem Fernseher zu bannen. Die »Klassenanalyse«, mit der die Libertären um Rothbard ihre Strategie untermauern, ist ein soziologischer Fiebertraum und überhaupt schweigt das Pamphlet sich dröhnend darüber aus, was man mit der einmal so errungenen Macht eigentlich anfangen wollte. Das liegt wohl auch daran, dass Rothbard insgeheim weiß, dass seine politische Utopie sehr viel weniger Mobilisierungspotential haben dürfte als seine antipolitische Rhetorik.

Die Dialektik von *Staat und Revolution,* auf die er sich implizit immer noch bezieht, wird halbiert, die Frage nach der Aufhebung des Staates, die für Lenin zentral war, völlig ausgeklammert. Aber es soll hier nicht darum gehen, den Rechten nachzuweisen, dass sie keine wirklichen Leninisten sind, sondern darum, aufzuzeigen, wie sie Versatzstücke des Leninismus

Ein Angstgegner kann nicht ständig seinen Willen zur Zusammenarbeit bekunden.

nutzen konnten, um ihre Strategie auf den Punkt zu bringen, die durchaus aufzugehen scheint: Die meisten Menschen finden sich in den meisten Bereichen des modernen demokratischen Lebens in Publikumsrollen gebannt: Sie lernen in Schule und Universität, sie lehren nicht. Sie konsumieren Medien, die andere bespielen. Sie wählen Repräsentanten, aber werden regiert. Sie stehen vielleicht mal vor Gericht, auf der Richterbank sitzen sie nicht.

Das ist natürlich alles immer viel komplexer und nicht nur ein einfacher Herrschaftszusammenhang – aber es ist eben auch einer und wird auch so erlebt. Und genug Menschen sind damit unzufrieden genug, um an dieser frustrierenden Dauererfahrung zumindest so weit politisierbar zu sein, dass sie Lehrerinnen, Professoren, Journalistinnen, Richter und Politikerinnen so sehr hassen, dass sie – offen oder heimlich – denen die Daumen drücken, die ihnen einen mitzugeben versprechen. Und zwar tun sie das selbst dann, wenn sie sich davon sonst wenig Positives erhoffen – auch und gerade, weil sie selbst dort in ihrem alltäglichen Leben, wo sie andere früher herumschubsen durften, ihre Machtposition schwinden sehen.

Schalten und walten dürfen sie, das nötige Kleingeld vorausgesetzt, nur als Konsumierende, aber da darf man ja bald auch nichts mehr, wenn einem erst die Heizung aus dem Keller und das Schnitzel vom Teller genommen werden. Wundert es einen da, dass die Polemik gegen den »Elfenbeinturm« so gut verfängt, gerade, wenn man kaum irgendwo so eine unmittelbare politische Selbstwirksamkeit erfahren dürfte, wie wenn man sich auf diversen Social-Media-Plattformen an dem Gepöbel gegen Eliten beteiligt, die man insgeheim selbst für zahnlose Lastenfahrradfahrer hält (sonst wäre man vermutlich auch gleich ein bisschen weniger mutig)?

Wenn man dieser Strategie etwas entgegensetzen will, dann muss man sich deshalb zuallererst klarmachen, dass sie nicht einfach nur darin besteht, den Leuten die Köpfe zu verdrehen, ihnen nach dem Mund zu reden oder die Interessen mächtiger Spender zu bedienen (obwohl alles davon eine wichtige Rolle spielt). Vielmehr ist sie deshalb erfolgreich, weil sie auf der einen Seite eine Sollbruchstelle des politischen Systems ausnutzt und auf der anderen Seite durchaus ein reales Erleben nicht weniger Menschen zu verarbeiten erlaubt. Die Sollbruchstelle des politischen Systems besteht darin, dass es die Leute über Konflikt erst integriert: Wem es also gelingt, sich als Antipode zum Rest in Pose zu werfen (und darin ernst genommen zu werden), der erzeugt einen thematischen Sog, dem die anderen Parteien sich quasi nicht entziehen können.

Der Angstgegner

Die Geschichte der AfD lässt sich auch als eine Geschichte davon schreiben, wie sie diese Position immer erfolgreicher besetzte und wie die meisten anderen Parteien sich dabei in eine Rolle manövrierten, aus der heraus sie kaum noch etwas dagegen tun konnten. Praktisch alle Parteien preisen ihre Programme auch oder sogar vor allem als besonders wirksames Mittel gegen die AfD und unterstreichen damit paradoxerweise, wie wirkmächtig deren Wählerinnen und Wähler sich fühlen dürfen: Man kann sich auf Montagsdemonstrationen gegen Hartz IV die Beine in den Bauch stehen, zehntausende gegen die sogenannte »Euro-Rettungspolitik« der Bundesregierung oder für eine entschlossene Klimapolitik mobilisieren, Volksentscheide für eine andere Mietenpolitik gewinnen – wenn man mit seinen »Sorgen« »ernst genommen« werden will, verblasst all das neben Wahlerfolgen für die AfD. Das dürfte nicht nur daran liegen, dass deren Forderungen sich zu großen Teilen auf dem Rücken von Menschen austragen lassen, die sich sehr viel weniger wehren können, sondern auch daran, dass die AfD den Vertreterinnen und Vertretern der anderen Parteien sehr viel mehr Respekt im Sinne von Angst einjagt – und das ist politisch gesehen eine sehr wirkmächtige Form von Respekt.

Wenn es dann auch noch gelingt, das über Themen zu organisieren, an denen sich die anderen nur blamieren können, wenn sie versuchen einem entgegenzukommen, dann ist man auch deswegen kaum kleinzukriegen, weil nicht wenige Leute es genießen, wenn die anderen sich blamieren. Schließlich haben sie das vielleicht fehlgeleitete, aber in der Substanz nicht falsche Gefühl, im Bestehenden nicht zu Wort zu kommen und trotzdem ständig Dankbarkeit bekunden zu müssen.

Das ist das Dilemma der Konservativen, die meinen, der AfD durch Entgegenkommen den Wind aus den Segeln nehmen – sie dadurch gar, wie Merz einst tönte, »halbieren« – zu können: Sicher, gegen vermeintlich »illegale Migration« zu polemisieren, sich heroisch gegen herbeifantasierte Genderzwänge zu verwehren und für Schnitzel in jeder Kita zu streiten, ist erst einmal günstig zu haben. Der Haken ist: Am Ende kann man kaum an der Erkenntnis vorbeiregieren, dass sich zum Beispiel im Rahmen des Grundgesetzes kaum noch Möglichkeiten finden, Einwanderern legale Migration noch schwerer zu machen (denn das ist mit dem Kampf gegen »illegale Migration« ja meist gemeint) und dass bei einer allzu scharfen Drosslung der Migration auch die Wirtschaftsverbände auf die Barrikaden gehen dürften.

Man sollte – auch weil man am Beispiel der USA gut sehen kann, was passiert, wenn die Konservativen vor diesem Dilemma schließlich in die Knie gehen und sich ganz der Radikalisierungsperformance der extremen Rechten hingeben – das nicht einfach nur als Heuchelei der Konservativen abtun, sondern erst einmal zur Kenntnis nehmen, dass es für sie ein Dilemma ist. Interessant dürften aber für die Leserinnen und Leser dieser Zeitschrift weniger die Möglichkeiten und Konflikte der Konservativen von CDU bis SPD, sondern die Lehren sein, die eine wie auch immer aufgestellte gesellschaftliche Linke aus dieser Situation ziehen kann.

Da gilt zunächst einmal: Die Leute in ihren Sorgen ernst zu nehmen, ihre Nöte zu lindern und sie gegebenenfalls darüber zu belehren, dass das, was sie als Forderungen artikulieren, mit ihren Problemen allenfalls symptomatisch zusammenhängen dürfte, mag – je nach konkretem Anlass – ehrenwert sein. Man muss sich aber klarmachen, dass man sich damit genau in die Rolle begibt, in der diese Menschen einen hassen: Man tritt als Politikerin oder Lehrer auf und macht sich im Zweifelsfall damit zu einem Fürsprecher des Bestehenden – und das umso mehr, je weniger man eigentlich ausrichten kann.

Dass die AfD zum Beispiel nicht die Interessen der Lohnarbeitenden vertritt, das dürften diese inzwischen selbst wissen. Das Problem ist viel eher, dass sie das ohnehin niemandem mehr zutrauen, sodass diese Information einen nur sehr begrenzten Unterschied macht. Langfristig führt deshalb kein Weg daran vorbei, die Rechten aus ihrer Rolle der Fundamentalopposition wieder herauszudrängen, indem man den sozialen Konflikt an diesen Themen so zuspitzt, dass das einen eigenen Sog entfaltet. Das aber dürfte bedeuten, sich auf absehbare Zeit von der Möglichkeit, seine Forderungen als Regierung umzusetzen, zu verabschieden.

Ein Angstgegner kann nicht ständig seinen Willen zur Zusammenarbeit bekunden, wenn er damit rechnen muss, dass die anderen dann vielleicht sogar einschlagen. Wer sich diesen Hut aber aufsetzen kann und ob man das will, das kann man zum jetzigen Zeitpunkt kaum absehen, auch weil es auch hier natürlich ein Dilemma gibt: Die AfD zehrt von einer politischen und sozialen Normalität, in der sie die Leerstelle des grundlegenden Dagegenseins besetzt – deswegen kann man die AfD mittelfristig nicht bekämpfen, ohne diese Leerstelle zu besetzen. Gleichzeitig ist genau das Besetzen dieser Leerstelle ein Prozess, der Jahre dauern dürfte – Jahre, in denen das Argument, doch vor dem Hintergrund der Bedrohung von rechts bitte nicht zu übertreiben mit dem Konflikt, oft nicht einfach von der Hand zu weisen sein dürfte. Und solange dürften die Wahlergebnisse der AfD nicht wesentlich einbrechen.

Kurzfristig dürfte deswegen – auch mit Blick auf die Entwicklungen in den USA, Ungarn und anderswo – mindestens genauso wichtig sein, anzuerkennen, dass die Strategie der Rechten durchaus bis hin zur Regierungsübernahme erfolgreich sein kann, sodass alle staatlichen Kompetenzen, die auch mit ihrer Bekämpfung begründet werden, sich bald in ihren Händen befinden könnten. Wer die extreme Rechte bekämpfen will, sollte sich also besser heute als morgen darauf vorbereiten, das auch unter diesen Umständen fortsetzen zu können.

Nils Kumkar ist Soziologe und wissenschaftlicher Mitarbeiter am SOCIUM der Universität Bremen. Nach *Alternative Fakten* (2022) ist kürzlich auch sein Buch *Polarisierung* bei Suhrkamp erschienen.

Mit Panzern gegen den Statusverlust

Collage ◂ **Andy King**

Almut Rochowanski

Die europäischen Eliten fürchten die multipolare Ordnung weit mehr, als es die amerikanischen tun. Denn die USA bleiben Großmacht. Aber welche Rolle spielt die EU dann noch in der Welt?

Wir erleben eine Zeitenwende. Freilich nicht die, die Olaf Scholz unter dem Eindruck des russischen Angriffs auf die Ukraine 2022 verkündete. Die Zeitenwende, die ich meine, ist ganz von selbst ausgebrochen: Drei Jahre nach Scholz' Ankündigung konstatierte der US-Außenminister Marco Rubio, dass der unipolare Moment eine Anomalie war und die Welt wieder in eine multipolare Ordnung einschwenkt, in der auch China und Russland Großmächte sind.

Rubios klinisch-kühler Diagnose folgten die Brandreden von Verteidigungsminister Pete Hegseth und Vizepräsident JD Vance auf der Münchener Sicherheitskonferenz, mit denen Europas außenpolitisches Establishment endgültig den Boden unter den Füßen verlor. Es befindet sich seither im Rüstungstaumel, geprägt von schriller Angstmacherei (»unser letzter Sommer im Frieden«), aufgesetzter Zackigkeit sowie einer Kriegsgewinnlerei, von der einem die Ohren schlackern. Erschöpfte Klischees werden bemüht: Die Jugend sei zu verweichlicht für den Krieg, und wer für das Vaterland nicht sterben und töten will, sei gefährlich für die öffentliche Moral.

Was erklärt die Hysterie unter den europäischen Eliten? Woher die plötzliche Bereitschaft, Fiskalregeln auszuhebeln, die Bevölkerung mit noch mehr Austerität zu vergraulen und für deren Unmut auch noch zu schelten, die Demokratie selbst infrage zu stellen? Wozu das Aufwärmen militaristischer Propagandainhalte, denen der Modergeruch des frühen 20. Jahrhunderts anhaftet?

Das jetzige Aufrüsten wirkt hysterisch, wie ein kopfloses Abhaken von Bestelllisten, die schon lange in den Aktenkoffern der Waffenlobbyisten liegen.

Europa, alleine

Als sich die USA am Ende des Kalten Krieges als einzig verbliebene Supermacht an der Spitze einer unipolaren Ordnung fanden, machten Theorien wie Fukuyamas »The End of History« oder die berüchtigte Wolfowitz-Doktrin daraus einen Auftrag für die Zukunft. Die globale Hegemonie sollte um jeden Preis erhalten werden, militärisch und wirtschaftlich weit abgeschlagene Regionalmächte müssten sich der amerikanischen *primacy* fügen. Potenzielle Rivalen wurden kleingehalten, Verteidigungsbündnisse, allen voran die NATO, ausgedehnt, und von Nordafrika bis nach Zentralasien sogenannte *forever wars* angezettelt.

In der letzten Dekade begann eine neue Generation von amerikanischen Denkern, das Streben nach unipolarer Dominanz als unhaltbar, der nationalen Sicherheit abträglich und ruinös für Demokratie und gesellschaftliches Wohlergehen zu kritisieren. *Primacy* wurde zunehmend negativ besetzt, interessanterweise über weite Teile des politischen Spektrums. Nach Europa, in die schicken Büros der Denkfabriken und die rustikal-gediegenen Sommerseminare, hat sich das aber nie durchgesprochen.

Die ruppigen Forderungen von Vance, Hegseth und letztlich Trump, auf dessen Geheiß NATO-Mitglieder unlängst 5 Prozent des BIP für Verteidigungsausgaben beschlossen, konnten kaum eine Überraschung sein. Die Amerikaner hatten schon seit den 1990ern gefordert, dass Europa mehr für Verteidigung ausgibt. Das ewige amerikanische Gejammer erinnerte freilich an den alten Witz vom Psychiater, der seinen Patienten fragt: »Leiden Ihre Verwandten an psychischen Erkrankungen?« Und dieser antwortet: »Leiden? Sie genießen sie!« Denn die Amerikaner zogen stets enorme Vorteile aus ihren Militärstützpunkten in Europa, dem Knotenpunkt und Kronjuwel der amerikanischen *primacy*.

Die hysterische Reaktion der Europäer lässt sich damit erklären, dass das Ende der amerikanischen *primacy* für Europa einen viel dramatischeren Statusverlust bedeutet als für die Vereinigten Staaten. Letztere bleiben gesichert Supermacht, einer der Pole einer multipolaren Ordnung. Was aber wäre Europa – macht- und militärpolitisch auf sich selbst gestellt? Eine Großmacht? Wollen Europas Bürger das? Wollen sie die damit einhergehende Großmachtrivalität, die ihre Demokratie vergiften und soziale Ungleichheit verstärken würde sowie dem Frieden in der Welt abträglich wäre? Europas Bürger wurden nicht gefragt. Ihnen wurden Panik und Aufrüsten verordnet, Hals über Kopf. Aber wohl kaum aus Angst vor einem Angriff Russlands auf NATO-Staaten.

In der Vorstellung themenferner Politik-Influencer mag Putin zwar wie Alexander der Große fungieren oder die kleine Raupe Nimmersatt

US-Präsident Donald Trump empfängt am 13. März 2025 NATO-Generalsekretär Mark Rutte im Weißen Haus.

oder ein Verrückter im Sinne von Nixons *madman theory* – ein Berserker und gieriger Welteroberer, der sich nicht unter Kontrolle hat und aus blindem Hass und heiterem Himmel ein Land nach dem anderen angreift und dabei gegen alle Logik immer stärker wird. So hat es auch die Brüsseler Denkfabrik Bruegel erklärt: *Russland wird Europa angreifen*. Warum? Weil es so-und-so viel Stück dieser oder jener Waffengattung besitzt. Doch dieses Narrativ entbehrt jeglicher Hin- und Beweise aus geleakten russischen Quellen oder der jüngeren (und älteren) russischen Geschichte, vor allem aber guter Gründe. Auch sind die geballten NATO-Armeen der Russlands militärisch weit überlegen, was ausgesprochen gut belegt ist.

Die neuerdings so martialischen Volksvertreter wissen das. Sie drucksen herum, wenn es um Russlands konkrete Angriffspläne geht. Hin und wieder begeht einer den Fauxpas, laut auszusprechen, dass sein Land nichts zu fürchten hat, wie Spaniens Premier Pedro Sánchez, der meinte, russische Truppen würden wohl kaum über die Pyrenäen einmarschieren.

Gegen die enorme Aufrüstung und allumfassende Militarisierung von Politik, Wirtschaft und Gesellschaft, die allein uns angeblich retten werden, regt sich passiv-aggressiver Widerstand. Nach dem Münchener Schock verkündete Ursula von der Leyen mit großem Trara 800 Milliarden Euro für Verteidigungsausgaben, ermöglicht durch Dispens der strengen Fiskalregeln der EU. Aber nun wollen nur 16 von 27 EU-Mitgliedern mehr Schulden für Rüstungsausgaben aufnehmen – unter ihnen, mit Ausnahme Deutschlands, keine der großen Nationalwirtschaften der EU.

NATO-Mitglieder haben ein Lippenbekenntnis zu den von Trump geforderten Verteidigungsausgaben im Ausmaß von 5 Prozent des BIP

Ginge es den Entscheidungsträgern um unsere Sicherheit, würden sie politische und diplomatische Maßnahmen viel eher in Betracht ziehen als Militarisierung, denn erstere versprechen mehr Erfolg.

abgegeben, wobei auch diesmal Spanien ausgeschert ist, mit Verweis auf den sozialen Frieden. Sie wollen diese aber durch kreative Buchhaltung erreichen: von Brückensanierung bis zu Förderung für künstliche Intelligenz wird alles verbucht. Diese Uneinigkeit in den europäischen Eliten – Spaniens Nein zu den 5 Prozent Verteidigungsausgaben, Sloweniens kurzlebiger Stunt einer Volksbefragung zur NATO-Mitgliedschaft, Ungarns chronische Querulanz – wird aber nicht reichen, um dem Vormarsch des europäischen Neo-Militarismus Einhalt zu gebieten.

Die Hegemonie in Eurasien

Die Reaktion auf Israels und Amerikas illegalen Angriff auf den Iran sollte letzte Zweifel an den echten Gründen für Europas Neo-Bellizismus ausgeräumt haben. Wenn Friedrich Merz vollmundig Israel für die »Drecksarbeit« dankt und Ursula von der Leyen von Israels Recht zur Selbstverteidigung schwadroniert und an Iran Schelte austeilt, wird klar, dass es um Dominanz geht, nicht um Angst. Um Hegemonie, nicht um das Bedürfnis nach Schutz.

Unbehagen über angebliche Sicherheitsprobleme ist ein Symptom der Furcht vor dem Statusverlust, resümiert der kanadische Experte Zachary Paikin Monate von Interviews mit europäischen Außenpolitikern. Die europäischen Eliten fürchten keinen Angriff auf ihre Heimatländer, sondern den Verlust der *primacy*, in welcher sie sich als Juniorpartner der USA jahrzehntelang gut eingerichtet hatten.

Europäische Politiker, Diplomaten, Entwicklungshelfer und das mit ihnen kuschelnde Kommentariat haben sich daran gewöhnt, über ihre machtpolitischen Verhältnisse zu leben: großkotzig Werte predigen und Kritik austeilen, brachial in die Innenpolitik von Drittstaaten eingreifen, sich deren Ressourcen unter den Nagel reißen und Märkte mit Druck öffnen, militärische Aventüren wie in Libyen unternehmen. Im Windschatten der amerikanischen *primacy* leisteten sich europäische Staaten eine selbstgefällige, lukrative, manchmal skrupellose Außenpolitik. Wenn Amerika sich von der globalen Hegemonie des unipolaren Moments verabschiedet, muss Europas Establishment in Zukunft alle Staaten der Welt als gleichwertige und souveräne Gegenüber behandeln. Das löst bei manchem Schnappatmung aus.

Daher gilt es, die *primacy* des Westens zu erhalten. Am besten weiterhin als Nepo-Baby der Amerikaner. Man »übernimmt Verantwortung für die eigene Sicherheit« – will heißen, man gibt sehr viel Geld für Kriegsmaterial aus, und verleiht seinen Absichten Nachdruck

mit Großaufträgen für die obszön überteuerte amerikanische Rüstungsindustrie. Der Abgeordnete des britischen Oberhauses Professor Robert Skidelsky sieht in den hastigen europäischen Rüstungsbudgets den Versuch, die Amerikaner zu bewegen, in der NATO alles beim Alten zu belassen. Ob Europa sich mit den teuren neuen Waffen tatsächlich gegen Russland verteidigen könnte, sei irrelevant. Denn ein Angriff Russlands auf Europa drohe ohnehin nicht. NATO-Generalsekretär Ruttes erbärmliche Arschkriecherei gegenüber Trump und das neueste Arrangement, unter welchem die Europäer für amerikanische Waffenlieferungen an die Ukraine zahlen, sind Ausdruck dieser Linie.

Oder man gibt sich Fieberträumen von einer eigenständigen europäischen Hegemonie hin. Darin hat Europa immerhin Übung. Die Briten sahen in der Kolonisierung der Welt die »white man's burden«, die Franzosen ihre »mission civilisatrice«, am deutschen Wesen sollte die Welt genesen, und heute dient die EU als Projektionsfläche für Überlegenheitsdünkel. In den Reden europäischer Politiker hallt es derzeit nur so vom Bessersein und vom Siegen: Wir haben doch mehr Geld; wir sind doch smarter, stärker, besser; wir haben doch schon einmal Russland besiegt. Es kann doch nicht sein, dass wir diesmal Russland nicht überlegen sind. Es kann nicht sein, was nicht sein darf.

▲ Verteidigungsminister Boris Pistorius informiert sich beim Panzerbataillon 203 in Augustdorf über den Leopard 2 – im Geschützturm des Kampfpanzers.

◄ Menschen in Häftlingsanzügen und Netanjahu-, Trump- und Von-der-Leyen-Masken protestieren vor der US-Botschaft in Madrid.

Aber die beschlossenen Aufrüstungspläne eröffnen nicht, was mit der viel beschworenen Sicherheit, für die wir angeblich Verantwortung übernehmen, gemeint ist. Soll Europa die militärischen Mittel und Truppen, die die USA bislang in Europa stationiert hatten, eins zu eins ersetzen? Womöglich noch mit eigenen europäischen Nuklearwaffen, wie Joschka Fischer von seinem Altenteil in der Lobby-Industrie fordert?

Das ist eine Milchmädchenrechnung. In der anbrechenden multipolaren Ordnung verschieben sich weltweit die tektonischen Platten der Geopolitik, so wie bei einem Rubik's Cube: Dreht man nur eine Zeile, schauen gleich mehrere Seiten des Würfels anders aus. Ein Europa, das nicht mehr Militärbasis und Raketenstützpunkt der globalen Hegemonialmacht ist, würde von seinen Nachbarn anders wahrgenommen – weniger privilegiert, aber auch weniger bedrohlich. Statt dies als Chance für einen Neustart zu sehen, wird in Europa gerade der Karren der Rüstungsausgaben vor das Pferd der Strategie gespannt.

Die Definition von Sicherheit in Europa verlangt zunächst eine europäische *grand strategy*, eine Antwort auf die Frage: Welche Rolle wollen wir in der Welt spielen und welche Mittel setzen wir dafür ein? Diese Frage ist unbeantwortet geblieben; sie wurde noch nicht einmal gestellt. Aus einer solchen *grand strategy* würde dann konkrete Außen- und Sicherheitspolitik

abgeleitet, und aus letzterer eine militärische Strategie im engeren Sinne, also der Einsatz von Waffen, Truppen und Logistik zur Erreichung etwaiger militärischer Ziele. Das jetzige Aufrüsten wirkt hysterisch, wie ein kopfloses Abhaken von Bestelllisten, die schon lange in den Aktenkoffern der Waffenlobbyisten liegen und wenig mit den sich rapide ändernden Realitäten der Kriegsführung zu tun haben.

Ende Mai hat der Verteidigungskommissar der EU, Andrius Kubilius, die Antwort auf die Strategiefrage gegeben (ohne, versteht sich, ein demokratisches Mandat dafür zu haben): »In der kommenden Pax Europaea wird Europa an der Spitze stehen, Russland ist materiell und politisch am Boden, die Vereinigten Staaten ziehen ab und die Ukraine ist mit uns integriert.« In dieser Sicht der Dinge liegt Russlands Perfidie nicht darin, dass es Europa angreifen will, sondern dass es sich »EU-ropas« Vormachtsanspruch in Eurasien nicht beugt. Bei einer solchen *grand strategy* der EU-Hegemonie auf dem eurasischen Kontinent wären, wohlgemerkt, auch der Iran und China mitgemeint.

Das wirft ein neues Licht auf Aussagen wie: »Bis 2029 müssen wir bereit für den Krieg mit Russland sein.« Sie beruhen weniger auf etwaigen ausspionierten Angriffsplänen Russlands als auf Vorhaben von westlicher Seite: Die Weiterführung des Stellvertreterkriegs gegen Russland, die Stationierung deutscher Truppen in den Baltenstaaten, das massive Aufrüsten und nun auch die Prahlerei von einem präventiven Blitzkrieg gegen Kaliningrad sind eingepreist in der Einschätzung, dass es zu einem Krieg mit Russland kommen wird. Denn man will es anscheinend dazu kommen lassen.

▲ Ein Fallschirmjäger der Bundeswehr gleitet während einer NATO-Übung in Deutschland vom Himmel herab.

► Drohnenpiloten der Bundeswehr steuern unbemannte Fluggeräte im Innovationslabor in Erding.

Nicht eingepreist, weil nicht vorgesehen, sind alternative Szenarien wie etwa konstruktive Teilnahme an Friedensverhandlungen, Deeskalation, die Wiederaufnahme normaler diplomatischer Beziehungen, reziproke Rüstungskontrolle und vertrauensbildende Maßnahmen. Ginge es den europäischen Entscheidungsträgern um unsere Sicherheit im buchstäblichen Sinne, würden sie politische und diplomatische Maßnahmen viel eher in Betracht ziehen als Militarisierung, denn erstere versprechen mehr Erfolg.

Wenn du Frieden willst…

Aber wer sich kritisch zu Europas Neo-Bellizismus äußert und Alternativen zum Rüstungswahn aufzeigt, bekommt in den sozialen Netzwerken schnell sein Fett ab. »Si vis pacem, para bellum« (»Wenn du Frieden willst, bereite den Krieg vor«), krähen die anonymen Crypto-Trader und Diplomingenieure mit den COVID-Spritzen im Profil, »Das wussten schon die Römer«. Den Diplomingenieuren, Crypto-Tradern und sonstigen Schaukelstuhlgenerälen muss entgangen sein, dass das Rezept der Römer für den Frieden nicht aufging, denn über Jahrhunderte römischer Geschichte waren die Tore des Janustempels fast immer geöffnet.

Die Vorbeter des öffentlichen Diskurses und ihre Jünger haben die Theorie der Abschreckung entdeckt und zum letzten Wort zu Krieg und Frieden gekürt. Das ist eine hinkende Sichtweise, so als ob man Teil zwei der Einführungsvorlesung in die internationalen Beziehungen verschlafen hat. Da hätte man von der zwangsläufigen Konsequenz einer Abschreckungsstrategie gehört: dem Sicherheitsdilemma. Davon wussten sogar schon die alten Griechen.

Die Kriegsvorbereitungen, die ein Staat trifft, um andere von einem Angriff abzuschrecken, werden von diesen Staaten als Zeichen einer drohenden Aggression gelesen, und das daraus erwachsende Misstrauen führt zu Wettrüsten, Reibung und einem erhöhten Risiko eines Kriegsausbruches. Die Wissenschaft der internationalen Beziehungen beurteilt Abschreckung als eine unzulängliche Strategie, die ihre vorgeblichen Ziele von Frieden und Sicherheit regelmäßig verfehlt. Das Sicherheitsdilemma ist hingegen empirisch gut belegt – es tritt beinahe immer ein. Der Historiker und Bürgerrechtler W.E.B. Du Bois stellte mit »The cause of war is preparation for war« (»Die Ursache von Krieg ist die Vorbereitung auf den Krieg«) die römische Lebenslüge »si vis pacem« richtig.

Im Militarismus, wie in Alice im Wunderland, gelten die normalen Naturgesetze der Politik nicht, und wer die offensichtlichen Absurditäten anspricht, wird abgestraft. Zum Beispiel die Vorstellung, dass wir einen willkürlich gewählten Prozentsatz des Bruttoinlandsproduktes – lange Jahre 2 Prozent, gestern noch 3,5 Prozent, mittlerweile schon 5 Prozent – für vage definierte Verteidigungsausgaben ausgeben müssen, damit wir… ja, was eigentlich? Damit wir Frieden haben? Damit wir in Sicherheit leben? Oder doch, um unsere neue *grand strategy* von der Hegemonie in Eurasien durchzudrücken? In keinem anderen Bereich demokratischer Verwaltung und Politik, in keinem anderen Ressort kann der Minister eine Zahl aus der Luft schnappen und mit ihr den Beginn und das Ende der Diskussion verordnen.

Die 123 Panzer werden in liebevoller Handarbeit gefertigt, denn die Fließbänder stehen schon lange still. Und dann wird so ein Panzer, der bis zu 29 Millionen Euro kostet, am Schlachtfeld von spottbilligen Drohnen zerstört.

Dabei gibt es durchaus etwas zu diskutieren. Europa ist gerade dabei, hunderte Milliarden, eventuell bis zu 3 Billionen, für sündteure, sogenannte »vergoldete«, Waffensysteme auszugeben – wie der Ökonom Adam Tooze beschreibt, »die größte Verschwendung öffentlichen Geldes, die man sich vorstellen kann«. Die 123 Panzer, die Deutschland bestellt hat, werden bis 2030 in liebevoller Handarbeit gefertigt, denn die Fließbänder stehen schon lange still. Und dann wird so ein Panzer, der bis zu 29 Millionen Euro kostet, am Schlachtfeld von spottbilligen Drohnen zerstört. Auf den OSINT-Kanälen können wir es live mitverfolgen.

Diese neue, vernichtende Kosten-Nutzen-Rechnung betrifft alle Seiten des multipolaren Großmachtwettbewerbs. Im Mai schlossen die Amerikaner einen Waffenstillstand mit den Huthis ab, weil es sich nicht rechnet, sauteure Flieger und Schiffe im Kampf gegen die Billigdrohnen und -raketen aus einem der ärmsten Länder der Welt zu verpulvern. Wochen später verlor Russland einen guten Teil seiner strategischen Bomberflotte in einer so spektakulären wie preiswerten Drohnenaktion des ukrainischen Geheimdienstes.

Soll das alles jetzt heißen, dass man, anstatt aufzurüsten und auf Abschreckung zu setzen, einfach nichts tut? Mitnichten. Wir werden viel denken, debattieren, organisieren und hart arbeiten müssen, um der Unlogik des Militarismus zu entkommen, Wettrüsten als Bedrohung zu entlarven und durch geduldige, disziplinierte Diplomatie der Eskalation Einhalt zu gebieten und Frieden zu finden. Dazu brauchen wir eine bessere Antwort auf die Frage: Welche Rolle wollen wir in der Welt spielen, und welche Mittel setzen wir dafür ein? ❐

Almut Rochowanski hat sich als Aktivistin für Frauenrechte und Frieden in Ländern der ehemaligen Sowjetunion eingesetzt und ist derzeit Fellow am Quincy Institute for Responsible Statecraft.

Viele wollen *Jacobin* mit einer Spende unterstützen, aber fürchten die Konsequenzen. Bist Du bereit?

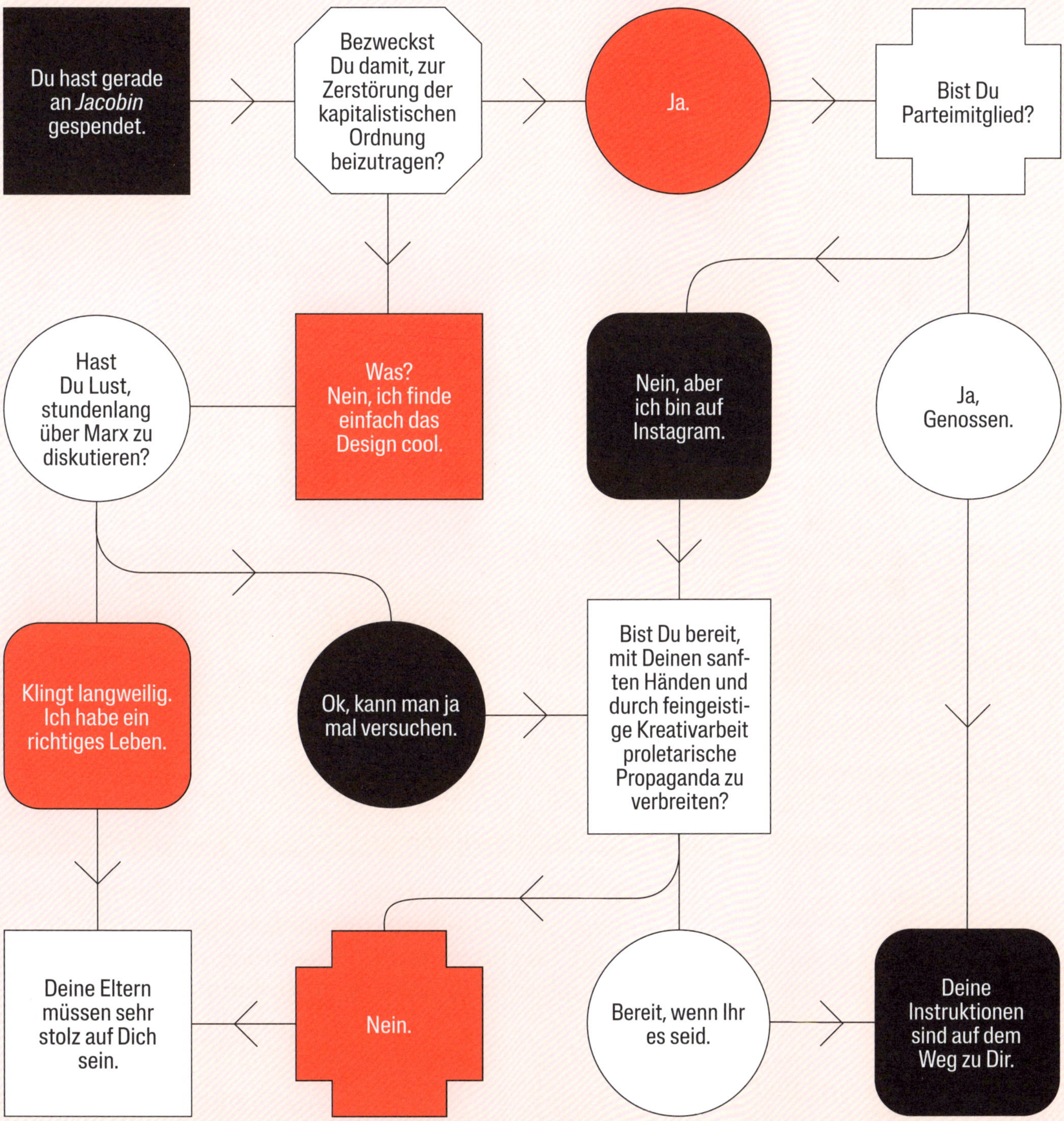

Gewalt ist keine Nebensache

Astrid Zimmermann

Von Jahr zu Jahr verschlimmert sich die Gewalt gegen Frauen, obwohl ihre wirtschaftliche Unabhängigkeit steigt. Das bringt einen Feminismus, der aufs Ökonomische allein setzt, an seine Grenzen.

Illustration ◄ **Viktoria Mladenovski**

Was ist eigentlich los mit dem Feminismus? Er ist überall und nirgendwo. Die These, dass er in seiner liberalen Version vereinnahmt wurde, muss hier nicht noch einmal rekapituliert werden. Aber es hat sich eine Müdigkeit breit gemacht mit dem Feminismus der 2010er Jahre, der irgendwie verkitscht wurde: Es war ein Feminismus, dessen Forderungen auf Demo-Schildern mit Glitzerstaub dekoriert wurden, dessen Provokation sich auf Männer-lol-Gags belief, der Ungerechtigkeiten moralisierte, anstatt sie zu analysieren. Der Feminismus schien seine Ernsthaftigkeit verloren zu haben.

Die Literaturwissenschaftlerin Lori Merish hat »Niedlichkeit« als die Ästhetisierung von Machtlosigkeit beschrieben. So ist es nicht verwunderlich, dass diese Überzuckerung einigen, die den Feminismus als solchen nicht verloren geben wollten, politisch suspekt wurde. Um den Feminismus gegen den Vorwurf der politischen Banalität zu verteidigen und überzeugend hervorzukehren, dass es sich bei der Emanzipation aller Frauen um eine nach wie vor *ernstzunehmende* Angelegenheit handelt, gingen viele marxistisch orientierte Feministinnen dazu über, genau das in den Vordergrund zu stellen: den nüchternen Ernst der Sache. Statt Gefühlskitsch also eine rigorose, materialistische Gesellschaftsanalyse, statt schwer quantifizierbaren Konzepten wie »Misogynie« empirisch belegbare sozialökonomische Fakten: Ungleichheit, unbezahlte Arbeit, Altersarmut. Der Fokus galt »gesellschaftlichen Strukturen«, nicht »toxischen Männern«.

Ich habe das für die längste Zeit auch so gehandhabt. Die Unterdrückung von Frauen ist eine gesellschaftliche Realität und keine Trivialität – also immer schön sachlich bleiben. Wenn man heute einen ehrlichen Blick auf unsere Gesellschaft richtet und sich fragt, was aus feministischer Perspektive eigentlich die dringendsten Anliegen sind, wird die Sache allerdings komplizierter. Denn es drängt sich ein Thema in den Vordergrund, das man mit der kühlen, ökonomischen Empirie allein nicht zu fassen bekommt: die Frage der Gewalt.

Kein Fortschritt ohne Widersprüche

Dass Gewalt gegen Frauen überhaupt als eine Angelegenheit gesellschaftlichen Interesses wahrgenommen wird und nicht als »Privatproblem«, ist eine vergleichsweise junge Entwicklung. Das erste Frauenhaus wurde in Westdeutschland 1976 eröffnet, im Fahrwasser der zweiten Welle der Frauenbewegung. Bis ins Jahr 1997 war eine Vergewaltigung in Deutschland kein strafbarer Tatbestand, solange Täter und Opfer verheiratet waren. Wie groß das Ausmaß häuslicher Gewalt in Deutschland ist, wissen wir überhaupt erst seit 2015, weil es zuvor keinerlei systematische Auswertungen gab.

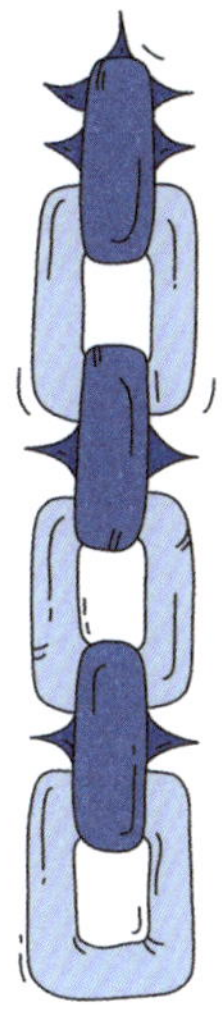

Es sind Frauenkörper, an denen sich die ökonomische Frustration einer Gesellschaft entlädt.

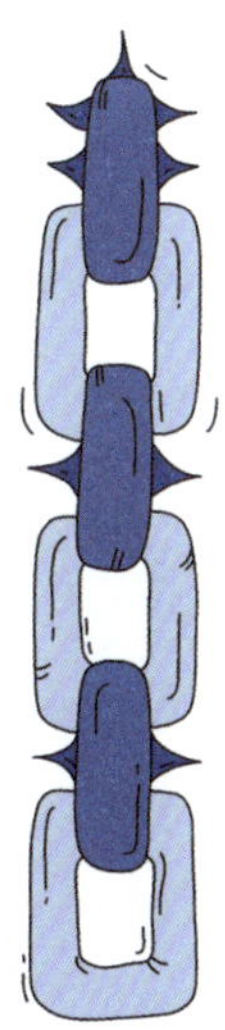

Im vergangenen Jahr hat das Bundeskriminalamt (BKA) erstmals einen Lagebericht über Straftaten erstellt, die sich gegen Frauen richten. Das umfasst Sexualstraftaten, häusliche Gewalt, Menschenhandel zum Zweck der sexuellen Ausbeutung, Femizide und politisch motivierte Hasskriminalität gegen Frauen. Die Zahlen sind verstörend hoch – und steigen sogar. Um sie einmal plastisch zu machen: Im Jahr der Erhebung tötete in Deutschland alle zwei Tage ein Mann seine Partnerin oder Ex-Partnerin. Alle drei Minuten wurde eine Frau oder ein Mädchen Opfer häuslicher Gewalt.

Das BKA geht davon aus, dass das nur einen Bruchteil der tatsächlichen Fälle abbildet, da die Opfer den Täter in der Regel kennen und oftmals wiederholt Gewalt erfahren. Viele fürchten eine noch gewaltsamere Vergeltung – entsprechend hoch ist die Hürde, die Tat zu melden. Wer Schutz in einem Frauenhaus sucht, muss ihn meist selbst bezahlen, weil es keine einheitliche Finanzierung solcher Anlaufstellen gibt. Dabei ist längst belegt, dass dies das Risiko erhöht, dass Frauen in eine Wohnung zurückkehren, in der sie Gewalt ausgesetzt sind. Immer wieder werden Frauen abgewiesen, weil die Kapazitäten der Schutzräume erschöpft sind. Obwohl der Bedarf steigt, ist der Anteil von Frauenhäusern leicht rückläufig.

Gewalt gegen Frauen in Beziehungen ist derart weit verbreitet, dass statistisch gesehen jede vierte Frau in Deutschland mindestens einmal in ihrem Leben körperliche oder sexualisierte Gewalt durch ihren Partner oder Ex-Partner erlebt. Wer glaubt, geschlechtsspezifische Gewalt sei ein Randphänomen, weil man selbst im eigenen Umfeld keine solchen Fälle kennt, wird sich mit der unbequemen Wahrheit arrangieren müssen, dass es statistisch gesehen weitaus wahrscheinlicher ist, dass es diese Fälle durchaus gibt, aber die Betroffenen darüber nicht sprechen.

Wie nähert man sich diesem Problem, wenn man es nicht nur skandalisieren, sondern auch realistisch beheben will? Die klassische sozialistische Antwort würde lauten: Wir leben in einer Gesellschaft, die Frauen ökonomischen Zwängen aussetzt, die sie in die Abhängigkeit von Männern treiben. Daher braucht es vor allem mehr ökonomische Gleichstellung, um Frauen aus dieser Abhängigkeit zu befreien. Durch diese Linse betrachtet muss es uns also primär um den Kampf gegen Armut, gegen die Lohnlücke, den Ausbau von Schutzräumen und mehr bezahlbaren

Wohnraum gehen. Das ist als politische Zielsetzung erstmal richtig und unbedingt notwendig.

Gleichzeitig rennt man mit dem Kopf gegen die Wand, weil sich so allein noch nicht erklärt, warum sich das Problem gerade jetzt verschärft. Denn bei aller berechtigten Kritik an der Trägheit des gesellschaftlichen Fortschritts muss man anerkennen, dass sich in den letzten Dekaden durchaus etwas verschoben hat: Die Lohnlücke zwischen Männern und Frauen wird schmaler, wenn auch zu langsam, die Erwerbsquote unter Frauen ist insgesamt angestiegen, was ihre ökonomische Unabhängigkeit stärkt, und auch die gesamtgesellschaftliche Zustimmung zur Gleichberechtigung der Geschlechter ist gestiegen. Doch es ist nicht so, dass im Fahrtwind dieses Fortschritts die Gewalt gegen Frauen gesunken wäre. Vielmehr scheint es eine Gleichzeitigkeit gegenläufiger Entwicklungen zu geben: Parallel dazu, dass sich Frauen unabhängiger machen, verschärft sich die Gewalt gegen sie.

Alles nur ein Trugschluss?

Nun könnte man einwenden, dass diese Aussage auf einem Trugschluss basiert. Man könnte argumentieren, dass der statistische Anstieg nicht zwangsläufig auch auf einen Anstieg der Gewalt hinweisen muss, sondern auch schlichtweg das Ergebnis eines veränderten Meldeverhaltens sein könnte. In einer gleichberechtigteren Gesellschaft gibt es schließlich ein wachsendes Problembewusstsein, was dann wiederum dazu führen kann, dass Gewaltfälle in der Statistik sichtbar werden, die vorher im Meer der Dunkelziffern verborgen geblieben wären. Das ist plausibel und lässt sich weder belegen noch widerlegen.

Dennoch gibt es uns einen Hinweis darauf, dass wirtschaftliche Unabhängigkeit allein nicht alles richten kann. In skandinavischen Ländern, die in Sachen Gleichberechtigung die Ranglisten anführen, sind die Gewaltzahlen massiv hoch, teilweise höher als in Ländern mit geringerer ökonomischer Gleichstellung. In der Fachliteratur wird das als das »nordische Paradoxon« diskutiert. In Island etwa gibt es fast keinen Gender Pay Gap mehr – dennoch werden 40 Prozent aller dort lebenden Frauen mindestens einmal in ihrem Leben Opfer sexualisierter oder körperlicher Gewalt. Sich hier auf die Frage des Meldeverhaltens zu versteifen, scheint mir unangemessen. Denn Meldeverhalten hin oder her: Wenn selbst in einer Gesellschaft, in der es so gut wie keine Lohnlücke mehr gibt, fast die Hälfte aller Frauen Gewalt erleben, dann ist ökonomische Gleichstellung als alleinige Antwort auf dieses Problem eine Antwort, die nicht gut genug ist.

Um zu erklären, warum sich Gewalt gegen Frauen gesellschaftlichen Fortschrittsbewegungen so hartnäckig widersetzt, könnte man nun auch andere materielle Faktoren heranziehen – etwa die wirtschaftliche Rezession, in der sich die Verschärfung gerade jetzt vollzieht. Als 2008 der globale Finanzmarkt crashte und die ökonomischen Sorgen der Haushalte eskalierten, stiegen in den USA und in Großbritannien auch die Fallzahlen häuslicher Gewalt an. Ob ähnliches für den EU-Raum während der Eurokrise zutrifft, ist nicht überprüfbar, weil belastbare Daten fehlen. Was wir allerdings wissen, ist, dass auch in Deutschland die Zahlen häuslicher Gewalt, insbesondere innerhalb von Partnerschaften, in letzter Zeit immer weiter ansteigen. Die Politologin Janina Isabel Steinert vermutet einen Zusammenhang zur Inflation: In ihren Studien zeigt sich, dass »eine prekäre finanzielle Situation und ökonomische Sorgen« typische Risikofaktoren für häusliche Gewalt sind.

Auch wenn sich aus diesen Zahlen allein nicht zwangsläufig eine Kausalität ableiten lässt, so fügen sie sich doch zu einem beunruhigenden Bild zusammen: Es sind Frauenkörper, an denen sich die ökonomische Frustration einer Gesellschaft entlädt. Aber auch das erklärt das Geschlechterverhältnis noch nicht. Es ist schließlich nicht so, als würden Frauen weniger unter ökonomischen Abstiegsängsten und Abstiegserfahrungen leiden als Männer – im Gegenteil. Da Frauen häufiger in prekären Arbeitsverhältnissen arbeiten, die einen tendenziell schlechteren Arbeitsschutz haben, gehören sie in der Regel zu den Gruppen, die in Krisenzeiten als Erstes ihren Job verlieren. Auch sie sind ausgezehrt, auch sie sind verzweifelt, auch sie verspüren Wut. Trotzdem kommen sie nicht nach Hause und schlagen ihrem Ehemann ins Gesicht.

Uns fehlen die Worte

Die Beiläufigkeit, mit der Gewalt gegen Frauen politisch behandelt wird, ist angesichts ihrer gesellschaftlichen Verbreitung grotesk. Versucht man diese Bagatellisierung zu erklären, kommt man ohne Begriffe nicht aus, die viele sich als sozialistisch verstehende Feministinnen nicht mit der Pinzette anfassen würden: analytisch schwammige Konzepte wie »Misogynie«.

Gerade unter liberalen Feministinnen wird der Vorwurf der »Frauenfeindlichkeit« gerne angeführt, um so ziemlich jedes Problem zu erklären, das Frauen irgendwie belangt: Warum gehört sexuelle Belästigung zum normalen Alltag der meisten Frauen, warum sind Schwangerschaftsabbrüche noch immer nicht legal, warum sind Frauen ärmer, warum sind sie seltener in politischen Machtpositionen und warum sitzen da stattdessen auch noch Typen wie Friedrich Merz? Weil diese Gesellschaft Frauen hasst! In all diesen Kontexten von »Misogynie« zu sprechen, ist ein maximalistischer Vorwurf – er ist absolut, analytisch überdehnt, irgendwie *unsachlich*.

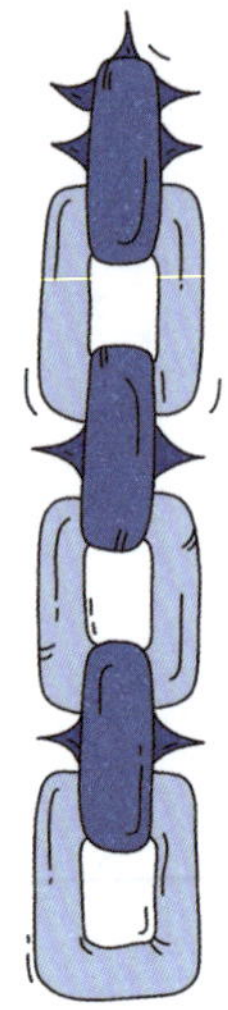

In der Trivialisierung dieser Frage zeigt sich keine rationale Nüchternheit, sondern mangelnde Ernsthaftigkeit.

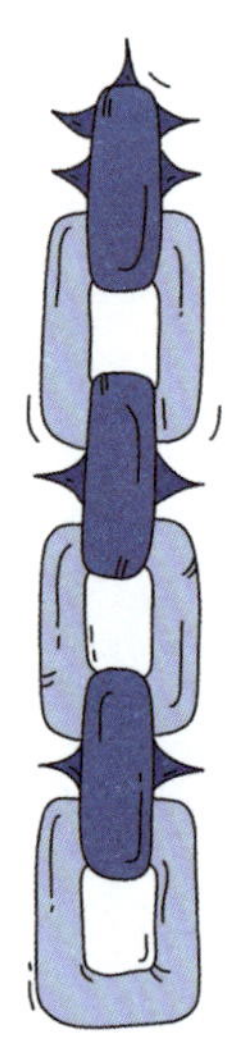

Er kann als Ursache für fast alles ins Feld geführt werden und genau das macht ihn politisch stumpf. Er klagt an, ohne eine Antwort darauf zu liefern, wie man das Problem denn nun behebt. Die marxistische Politologin Jodi Dean hat in einer Polemik argumentiert, Misogynie sei im Grunde die Zuschreibung eines Gefühls, um die Abwesenheit einer Erklärung zu kaschieren. Um also nicht in den Verdacht einer hyperventilierenden Gefühlsduselei zu geraten und den Feminismus vor einer weiteren politischen Verwässerung zu bewahren, lehnen es auch marxistische Feministinnen wie Liza Featherstone ab, Konzepte wie »Frauenfeindlichkeit« oder »Misogynie« in ihren analytischen Rahmen aufzunehmen. In einem Essay in *The New Republic* wirft sie dem Mainstream-Feminismus eine geradezu »morbide Obsession« mit Männern und ihren Unzulänglichkeiten vor. Anstelle sich endlos zu fragen, warum Männer Frauen misshandeln, solle man sich eher Frauen und den gesellschaftlichen Potenzialen ihrer Befreiung zuwenden.

Von weit verbreitetem Frauenhass zu sprechen, sei, so Featherstone weiter, außerdem simplifizierend. Selbst wenn es diesen Hass gäbe, zähle er lange nicht zu den drängendsten Problemen der meisten Frauen, die alle materieller Natur seien: niedrige Löhne, fehlende Kinderbetreuung und unzulängliche gesundheitliche Versorgung. Featherstone argumentiert, dass die Wahrscheinlichkeit, dass man als Frau auf offener Straße von einem radikalisierten Frauenhasser erschossen wird, verschwindend gering ist. Und da hat sie glücklicherweise recht. Dass in ihrer Auflistung der drängendsten feministischen Probleme allerdings ausgerechnet die Gewalt fehlt, die in ihrer Analyse nur in Gestalt von radikalisierten Incel-Terroristen vorkommt, ist hingegen mindestens selektiv. Den politischen Fokus auf strukturelle Ursachen anstatt auf individuelle Hassverbrechen zu legen, ist selbstredend richtig. Die weit verbreitete häusliche Gewalt, die Frauen in der Regel durch Männer erleben, aus Angst vor analytischer Verwässerung einfach unter den Teppich zu kehren, ist am Ende aber ebenso *unsachlich*.

Gewalt in Partnerschaften ist in den USA – dem Kontext, in dem Featherstone und Dean schreiben – so alltäglich, dass jede vierte Frau im Laufe ihres Lebens mindestens einmal schwere Gewalt durch ihren Partner erlebt. Das umfasst etwa Verbrennungen oder Angriffe mit einer Schusswaffe oder einem Messer. Zu behaupten, die Auseinandersetzung mit Misogynie und der Gewalt, in der sie sich niederschlägt, sei eine Art morbide Freizeitbeschäftigung für empörungswillige liberale Feministinnen, die nicht über den Kapitalismus reden wollen, ist angesichts dieser gesellschaftlichen Realität nicht analytisch rigoros, sondern analytisch nachlässig.

Denkerinnen wie Dean und Featherstone argumentieren zu Recht, das Erklärungsmodell der Misogynie sei zu reduktionistisch, weil es die Rolle des Kapitalismus in der Stabilisierung der Geschlechterhierarchie völlig ignoriert – was wohl auch erklärt, warum der Begriff so populär werden konnte. Doch man muss auch eingestehen, dass die Gegenseite, die hinter allem am Ende *nur* den Kapitalismus vermutet, im Verdacht steht, genauso simplistisch zu sein, wie ein Feminismus, der glaubt, jegliche Unterdrückung sei das Ergebnis von einem durch die Gesellschaft wabernden »Frauenhass«.

Ein Leben frei von Angst

Wir können Missstände, die sich mit der Forderung nach der Überwindung des Kapitalismus nicht lückenlos beantworten lassen, nicht einfach wegdefinieren. Die Forderung, politische Fragen ohne Emotionalisierung zu behandeln, ist berechtigt. Wenn das in der Konsequenz aber zu einer Nichtbeachtung der Frage der Gewalt führt, dann ist eben genau das ein Ausweis analytischer Schwäche. In der Trivialisierung dieser Frage zeigt sich keine rationale Nüchternheit, sondern mangelnde Ernsthaftigkeit – weil man sich damit weigert, sich der gesellschaftlichen Dimension der Gewalt wirklich zu stellen.

Angesichts der jüngsten statistischen Erhebungen ist es keine Übertreibung zu fordern, dass sich die Bekämpfung der Gewalt gegen Frauen innerhalb der feministischen Prioritäten weiter nach oben verschieben muss, weil die gesellschaftliche Häufung schlichtweg danach verlangt. In den verstörenden Zahlen liegt ein politischer Auftrag. Gerade weil geschlechtsspezifische Gewalt keine individuelle, sondern eine geteilte Erfahrung ist, birgt sie die Möglichkeit einer kollektiven Politisierung. Es ist eine Realität, die Frauen verschiedenster Milieus und Altersklassen miteinander verbindet – und dennoch bleibt sie politisch weitgehend folgenlos. Es braucht eine sozialistische Intervention, die dieser Realität einen politischen Ausdruck gibt. Denn das Versprechen sozialistischer Politik war es schon immer, die Menschen von Existenzängsten zu befreien. Und welche Angst ist schon existenzieller als die Angst vor Gewalt?

Astrid Zimmermann ist Deputy Editor bei *Jacobin*.

DIE INTERNATIONALE

Olavo Passos de Souza

Brasilien sucht den nächsten Lula

2026 stehen in Brasilien Präsidentschaftswahlen an. Die extreme Rechte steht ohne ihre Galionsfigur da, weil Jair Bolsonaro nicht kandidieren darf. Doch auch die Linke ist auf der Suche nach einem charismatischen Nachfolger für Lula da Silva.

Übersetzung ◂ **Tim Steins**

Die dritte Amtszeit des brasilianischen Präsidenten Luiz Inácio Lula da Silva ist bereits mehr als zur Hälfte vorbei – und Südamerikas größtes Land leidet erneut unter einer Führungskrise. Die Zustimmungswerte des einst so beliebten Politikers sind auf den niedrigsten Stand seit seinem Amtsantritt gesunken.

Laut einer Februar-Umfrage von Datafolha, einem der zuverlässigsten Meinungsforschungsinstitute Brasiliens, heißen 24 Prozent die Arbeit der Regierung gut, 41 Prozent lehnen sie ab und 32 Prozent stehen ihr »neutral« gegenüber. Andere Umfragen kommen zu ähnlichen Ergebnissen. Es zeichnet sich damit ein stetiger, aber deutlicher Niedergang eines Titanen der lateinamerikanischen Linken ab.

Luiz Inácio Lula da Silva im Juni 2025

Nachdem Lula seine ersten Amtswochen zwar ruhig, aber mit relativ wenigen hochkarätigen politischen Erfolgen hinter sich gebracht hatte, sieht er sich nun mit derselben wachsenden Unzufriedenheit konfrontiert, die an jedem brasilianischen Staatsoberhaupt seit Lulas eigenem Ausscheiden aus dem Amt 2010 genagt hat.

Die zunehmende politische Polarisierung zwischen der Linken und der radikalen Rechten, ein mächtiger und konservativer Kongress und die Unfähigkeit, die jüngere Arbeiter-Generation anzusprechen, sind nur einige der Gründe, warum viele Brasilianerinnen und Brasilianer Lula und seine Arbeiterpartei (PT) als angeschlagen wahrnehmen.

Wichtiger noch: Lula und (in noch stärkerem Maße) die PT müssen ihr jüngstes Versagen nun verarbeiten und einen Nachfolger für ihn aufbauen. Denn die Wahlen 2026 rücken näher und der Wunsch der Bevölkerung nach Veränderung scheint stetig zu wachsen. Die Chancen auf die erneute Wahl eines linken Präsidenten sind derzeit gering.

Vom Konsens zur Krise

Als die letzten drei brasilianischen Präsidenten ihr Amt verließen, hatten sie allesamt miserable Zustimmungswerte in der Bevölkerung. Ansonsten hatten die Sozialdemokratin Dilma Rousseff, der Neoliberale Michel Temer und der Rechtsradikale Jair Bolsonaro nur sehr wenig gemeinsam, und es gab viele spezifische Faktoren, die für das Scheitern ihrer jeweiligen Präsidentschaften ausschlaggebend waren. Insgesamt jedoch stehen ihre Amtszeiten symbolisch für die brasilianische Instabilität der 2010er Jahre. Diese Turbulenzen folgten auf eine ruhigere politische Phase mit den ersten beiden Amtszeiten Lulas.

Als Lula 2010 nach acht Jahren im Amt zurücktrat, war er außerordentlich beliebt. Eine Umfrage ergab damals eine Zustimmungsrate von 87 Prozent für seine Regierung. Lula war damals sicherlich einer der beliebtesten Politiker der Welt. Das bedeutet jedoch nicht, dass Lula ohne Opposition oder Kritik regiert hätte: Der gemäßigt linke Kurs der PT – der sich in erster Linie auf Armutsbekämpfung und die Entwicklung von Sozialprogrammen konzentrierte – zog den Zorn der traditionellen Elite und vieler Angehöriger der Mittelschicht auf sich.

Diese fühlten sich schlicht nicht vertreten von Lula, einem Ex-Fabrikarbeiter aus einer armen Region Brasiliens, der nie eine Hochschule besucht hatte und sich meist einer einfachen, umgangssprachlichen Ausdrucksweise bediente. Lula war nicht die Art von Person, die man traditionell mit dem brasilianischen Präsidentenamt in Verbindung brachte, das bisher den Sprösslingen politischer Dynastien, langjährigen Polit-Insidern oder (für eine gewisse Zeit) selbstherrlichen Militärgenerälen vorbehalten war.

2005 kam es zum Mensalão-Korruptionsskandal – ein Schock für die Regierung Lula und die PT. Dass die Vorfälle so einschneidend wurden, war nicht zuletzt den Bemühungen des mächtigen Medienkonzerns *Globo* zu verdanken: Über die gesamten Amtszeiten Lulas hinweg war die Berichterstattung der *Globo*-Sender von ihrer neoliberalen Agenda und klarer Opposition gegen den Präsidenten geprägt.

Trotz der Probleme gelang es Lula, der sich in Koalitionsbildung und Verhandlungen geschickt verhielt, eine breite Unterstützerbasis im Kongress aufzubauen. Dies ermöglichte die Verabschiedung wegweisender Gesetze wie die Initiativen Bolsa Família und Fome Zero. Diese befreiten Millionen Menschen aus der Armut und sorgten für einen Ausbau der Dienste im Bildungs- und Gesundheitsbereich. Darüber hinaus war Lula während eines historischen Wirtschaftsbooms im Amt und schaffte es, Brasiliens internationales Ansehen durch diplomatische sowie Handelsabkommen zu stärken.

Und: Er regierte in einer Zeit, in der die politische Landschaft Brasiliens noch von einer gewissen Zivilität und Stabilität geprägt war (insbesondere im Vergleich zur jüngsten Vergangenheit). Die beiden wichtigsten politischen Parteien, die um die Präsidentschaft konkurrierten, waren die gemäßigt linke PT und die eher neoliberal ausgerichtete Sozialdemokratische Partei. Obwohl diese Parteien in vielen Punkten gegensätzliche politische Positionen vertraten, waren sie sich mehr oder weniger einig, dass Brasilien den Weg zu einer gerechteren und wirtschaftlich robusteren Republik mit starken demokratischen Institutionen einschlagen müsse.

Jair Bolsonaro bei einer Demonstration gegen das Urteil des Obersten Bundesgerichts zu den Vorfällen am 8. Januar 2023.

Der Aufstieg Bolsonaros

Dieser Konsens endete mit Lulas Amtsabtritt. Dilma Rousseff, selbst langjährige Verbündete Lulas und von ihm handverlesene Nachfolgerin, war Präsidentin in einer Zeit zunehmender Korruptionsskandale und einer sich abschwächenden Konjunktur. Darüber hinaus gewann Social Media als Instrument für politische Mobilisierung zunehmend an Bedeutung.

Dies fiel zusammen mit den Jornadas de Junho, einer beispiellosen Welle von Großprotesten, mit denen politische und steuerliche Reformen gefordert wurden, aber vor allem ein schnellerer Wandel in der brasilianischen Gesellschaft. Rousseff versuchte, auf die Proteste zu reagieren, und versprach eine neue Politik. Doch ihre angespannten Beziehungen zum Kongress standen einer echten Veränderung des festgefahrenen politischen Systems von Brasilien im Weg.

Rousseff war nicht wie Lula in der Lage, Allianzen zu schmieden. Während die Forderungen nach Reformen und einer härteren Bekämpfung der Korruption lauter wurden, geriet sie immer häufiger mit dem Kongress aneinander. Nach ihrer knappen Wiederwahl im Jahr 2014 leiteten führende Kongressabgeordnete 2016 ein erfolgreiches Amtsenthebungsverfahren gegen Rousseff ein. Die Rechte sah darin einen großen Sieg; die Linke sprach von einem »weichen Putsch«.

Rousseffs Nachfolger, der vormalige Vizepräsident Michel Temer, war ein Konservativer, der sofort mit der Umsetzung von Austeritätsmaßnahmen begann. Die Linke verachtete Temer als undemokratischen Thronräuber. Die Rechte hingegen sah in ihm nicht mehr als einen weiteren Vertreter des Establishments. Seine Zustimmungswerte sanken rapide – in einigen Umfragen auf lediglich 7 Prozent. Doch trotz weit verbreiteter Rücktrittsforderungen gelang es Temer dank seiner guten Beziehungen zum Kongress, sich bis zu den nächsten Präsidentschaftswahlen über Wasser zu halten.

2018 hatte sich die politische Landschaft im Vergleich zu den boomenden und stabilen 2000er-Jahren erheblich verändert. Die brasilianische Rechte hatte jahrelang die Popularität der PT geschwächt, während sich ihre eigenen Kräfte zunehmend radikalisierten. Der Kampf gegen die Korruption wurde vor allem instrumentalisiert, um Linke anzugreifen. Die mittlerweile berüchtigte Operation Lava Jato (»Operation

Die traditionelle Elite fühlte sich schlicht nicht vertreten von Lula, einem Ex-Fabrikarbeiter aus einer armen Region Brasiliens, der nie eine Hochschule besucht hatte und sich meist einer einfachen, umgangssprachlichen Ausdrucksweise bediente.

Autowäsche«) führte sogar dazu, dass Lula inhaftiert wurde.

Die Anklage wurde später vom Obersten Bundesgericht Brasiliens aufgehoben. Der Schaden war jedoch angerichtet: Die PT hatte deutlich an Popularität eingebüßt, Lula durfte 2018 nicht kandidieren. Die Präsidentschaftswahlen in diesem Jahr endeten daher mit einem deutlichen Sieg des zuvor kaum wahrgenommenen, rechtsradikalen Kandidaten Jair Bolsonaro.

Bolsonaro war bereits zu Beginn seiner Präsidentschaft unbeliebt. Er schwächte seine ohnehin schon schlechte Position noch weiter, als er staatliche Institutionen zerschlagen wollte, die Coronavirus-Pandemie halbherzig und fahrlässig bekämpfte sowie insgesamt chaotische Regierungsarbeit leistete. Massive öffentliche Proteste, die in den 2000er Jahren eher selten waren, wurden in den Großstädten nun zum Alltag.

Für die Wahlen 2022 kehrte Lula in die Politik zurück – und besiegte Bolsonaro knapp. Es entstand eine paradoxe Situation: Lula war nach wie vor der beliebteste Politiker Brasiliens, gleichzeitig aber auch das Aushängeschild einer weitgehend unpopulären Partei. In jedem Fall konnte auch seine Rückkehr ins Amt den politischen Konsens der 2000er Jahre nicht wiederbeleben.

Zwar genoss Lula eine lange Hochphase – seine Versprechen einer Rückkehr zur Normalität der 2000er Jahre und die Verteidigung der Demokratie brachten ihm viel Wohlwollen ein –, doch die Unfähigkeit des amtierenden Präsidenten, die im vorhergegangenen Jahrzehnt aufgestaute Unzufriedenheit zu beseitigen, hat seiner Popularität inzwischen ernsthaft geschadet. Er hat keine neuen politischen Initiativen im Stile von Bolsa Familia oder Fome Zero vorzuweisen. In einer Zeit konstanter Nachrichtenschwemme und Reizüberflutung müsste ein entsprechendes Gesetz ebenso monumental sein wie diese früheren Reformen, um die Wahrnehmung der Wählerschaft ernsthaft zu verändern.

Eine gewandelte Gesellschaft

Besonders große Probleme hat Lula bei der Ansprache jüngerer Brasilianerinnen und Brasilianer aus der Arbeiterklasse. Sie unterscheiden sich von der Basis, die Lula sich in den 1970er und 1980er Jahren als einflussreicher Gewerkschaftsführer aufgebaut hatte. Jahrelang haben Lula und die PT die Arbeiterklasse mit Reformversprechen wie Sozialprogrammen und mehr Rechten für Arbeitnehmer für sich gewinnen können. Diese Botschaft kam bei Fabrikarbeitern wie Hausangestellten mit ausgeprägtem Klassenbewusstsein gut an.

Doch die Ausgangslage hat sich verändert: Die brasilianische Gesellschaft strotzt nur so vor selbsterklärten »Entrepreneuren« in der Gig Economy, die Begriffe wie »Arbeiterklasse« als abwertend betrachten. Ihnen erscheinen die von der brasilianischen Rechten propagierten Bilder von Selfmade-Männern und dem Abbau des Staates mit »mehr Freiheit und weniger Steuern« attraktiver als der traditionelle Diskurs der PT.

Das Versprechen auf bessere Arbeitsbedingungen hat heute nur begrenzte Anziehungskraft auf Menschen, die sich gerne als ihr eigener Chef verstehen und kurzfristig von der Arbeit beim Essenslieferdienst zu Mitfahrgelegenheit hin- und herwechseln. Eine individualistische »Life-Coach«-Kultur hat sich in der brasilianischen Gesellschaft wie ein Lauffeuer verbreitet. Sie wird zum großen Teil von einem riesigen Netzwerk aus rechten Social-Media-Influencern, konservativen Nachrichtenseiten und rechtsradikalen Politikern angeheizt, die ein verzerrtes Bild von der tatsächlichen Lage des Landes zeichnen.

Für einen Großteil der brasilianischen Bevölkerung sind heute Links, die in den sozialen Medien geteilt werden, die wichtigste Nachrichtenquelle. Entsprechend stark ist die Blasenbildung. Beispiel Wirtschaft: Brasilien hat während der bisherigen Amtszeit von Lula ein über den Erwartungen liegendes Wachstum verzeichnet. Die Mehrheit der Bevölkerung nimmt dies jedoch nicht wahr. Vielmehr ist die Auffassung weit verbreitet, die Wirtschaft laufe unter Lula schlecht oder sei gar aufgrund von Korruption zusammengebrochen. Korruption wird nach wie vor von vielen Menschen in Brasilien mit Lula, der PT und der Linken im Allgemeinen verknüpft.

Die Auswirkungen dieser Blasenmentalität wurden kürzlich deutlich, als die Regierung versuchte, eine einheitliche Regulierung des brasilianischen Sofortzahlungssystems (Pix) einzuführen, einer äußerst beliebten digitalen Zahlungsmethode für Klein- und

Die brasilianische Gesellschaft strotzt nur so vor selbsterklärten »Entrepreneuren« in der Gig Economy, die Begriffe wie »Arbeiterklasse« als abwertend betrachten.

Rechte Demonstranten unterstützen bei einem Protest 2021 die Bolsonaro-Regierung.

Kleinsttransaktionen, die seit ihrer Einführung im Jahr 2020 zum brasilianischen Alltag gehört. Basierend auf Gerüchten in den sozialen Medien, die Regierung Lula wolle Pix-Transaktionen stark besteuern oder das System sogar ganz abschaffen, gab es eine heftige öffentliche Gegenreaktion.

In Wirklichkeit gab es allerdings nie derartige Pläne. Die Regierung wollte lediglich eine Kennzeichnungspflicht für große Geldtransaktionen durchsetzen, um kriminellen Missbrauch des Systems zu verhindern. Die Fake-News-Welle schadete dem Image der Regierung erheblich; sie war nicht in der Lage, die Gerüchte zu zerstreuen. Schließlich gab das Finanzministerium die angedachte Reformregelung auf und vermittelte damit den Eindruck, die (unbegründete) öffentliche Empörung habe Pix »gerettet«. Das heizte die Desinformationsmaschinerie natürlich nur noch weiter an.

Kurz gesagt: Es ist nicht nur das Ausbleiben gewichtiger Gesetze oder Reformen, das Lula und der PT schadet. Es ist auch das Unvermögen, der Bevölkerung die Erfolge der Regierung zu vermitteln und sich gegen eine unerbittliche Opposition zu verteidigen, für die Wahrheit irrelevant ist und die die Interessen vieler Arbeiter in der Gig Economy faktisch für sich vereinnahmt hat.

Suche nach einem Nachfolger

Die PT entstand als breite Allianz linker Strömungen, die von revolutionären Marxisten bis zu progressiven Christen und Sozialdemokraten reichte. Gemeinsames Ziel war es, eine geeinte Linke als starke Kraft für institutionelle Veränderungen zu etablieren. Im Laufe der Jahre verlor die Partei an Diversität, da die Rolle der Person Lula auf Kosten anderer Führungspersönlichkeiten immer mehr an Bedeutung gewann.

Als Lula 2010 aus dem Amt schied, profitierte seine Nachfolgerin Dilma Rousseff von seiner Popularität und den Reformen seiner Regierung. Ihre Wiederwahlkampagne 2014 gestaltete sich deutlich schwieriger. Bis 2018 herrschte allgemein die Meinung, dass nur eine Rückkehr Lulas der Linken einen erneuten Sieg bescheren könnte. Als dies durch seine Verhaftung unmöglich wurde, trat ein weiterer langjähriger Verbündeter Lulas, Fernando Haddad, als sein Stellvertreter zur Wahl an. Er verlor gegen Bolsonaro.

2022 kehrte Lula zurück und zeigte, dass er der wohl einzige Politiker ist, der Bolsonaro schlagen kann. Mit seinem (knappen) Sieg ermöglichte Lula erneute vier Jahre mit einer gemäßigt linken Exekutive. Nun stehen die Präsidentschaftswahlen 2026 vor der Tür – und niemand aus der aktuellen PT-Führung hat es geschafft, aus Lulas Schatten herauszutreten und eigene Anziehungskraft zu entwickeln.

Auch andere linke Parteien spielen in der nationalen Politik eine Rolle. Die Sozialistische Partei der Freiheit (PSOL) ist in den vergangenen zehn Jahren erheblich gewachsen. Sie bietet eine radikalere Alternative zur PT und konkurriert regelmäßig mit ihr um

Der Mangel an Alternativen zu Lula ist eine Situation, die zumindest teilweise bewusst herbeigeführt wurde.

Gouverneursposten und Sitze im Senat. Außerdem hat sie in den vier Wahlen vor der letzten (in der sie Lula unterstützte) eigene Präsidentschaftskandidaten aufgestellt. Die PSOL kritisiert die PT insbesondere dafür, keine Kandidaten zu unterstützen, die nicht aus den eigenen Reihen kommen, selbst wenn ein anderer linker Kandidat bessere Siegeschancen hätte.

Im Vorfeld der Wahlen 2022 gab es Spekulationen, Lula könne Ciro Gomes als seinen potenziellen Vizepräsidenten auswählen. Gomes war Minister in einer früheren Lula-Regierung, avancierte dann zu einem scharfen Kritiker der PT und kandidierte 2022 schließlich mit einer gemäßigt-linken Agenda gegen Lula für das Präsidentenamt. Ein weiterer möglicher Vizepräsidentschaftskandidat hätte Guilherme Boulos von der PSOL sein können, der Präsidentschaftskandidat der Partei 2018, der 2022 für São Paulo in den Kongress gewählt wurde. Mit beiden Personaloptionen hätte das Bild einer geeinten Linken (oder zumindest einer geeinten linken Mitte) vermittelt werden können.

Stattdessen entschied sich Lula für Geraldo Alckmin, seinen einstigen Gegner bei den Wahlen 2006. Dieser stammt aus der inzwischen gemäßigt rechten Sozialdemokratischen Partei. Damit wurde ein klares Signal gesendet, dass Vertreter des alten politischen Konsenses aus der Mitte gemeinsam gegen den Bolsonarismus antreten. Niemand sah Alckmin als eine Figur der Linken oder als jemanden, der später selbst für das Präsidentenamt kandidieren und Stimmen aus dem

Unterstützer Lulas protestieren gegen seine Verhaftung nach der sogenannten Operation Lava Jato und die einseitige Berichterstattung des Medienunternehmens Rede Globo im Zuge der Wahlen 2018.

linken Spektrum abziehen könnte. Mit dieser Auswahl seines Vizes verhinderte Lula somit, dass ein potenzieller Rivale der PT im linken Lager nationale Aufmerksamkeit erlangen und vielleicht sogar zum potenziellen Nachfolger aufsteigen könnte.

Derweil hätte Flávio Dino ebenfalls eine Alternative zu Lula als neue Galionsfigur der Linken sein können. Er ist ein hervorragender Kommunikator mit einer langen Reihe politischer Erfolge: 2006 wurde er erstmals für die Kommunistische Partei in den Kongress gewählt, 2014 kandidierte er erfolgreich für das Amt des Gouverneurs im nordöstlichen Bundesstaat Maranhão und wurde vier Jahre später in dieses Amt wiedergewählt, bevor er 2022 in den Senat einzog.

Dino wurde dann Lulas Justizminister und rückte nach dem Angriff von Bolsonaro-Anhängern auf die Hauptstadt am 8. Januar 2023 durch sein schnelles Handeln ins nationale Rampenlicht. Als jedoch Anfang 2024 ein neuer Posten am Obersten Gerichtshof frei wurde, entschied sich Lula, Dino dorthin zu schicken. Dies war einerseits eine große Ehre für Dino und ein Sieg für die Linke. Andererseits war er damit auch nicht mehr im Rennen um politische Posten und als Lula-Nachfolger ausgeschieden.

Damoklesschwert 2026

Der Mangel an Alternativen zu Lula ist also eine Situation, die zumindest teilweise bewusst herbeigeführt wurde. 2026 wird Lula achtzig Jahre alt sein. Er hat bereits angekündigt, nicht erneut für das Präsidentenamt zu kandidieren. Die PT hätte somit genügend Zeit gehabt, einen Nachfolger aufzubauen. Doch das ist bislang nicht geschehen.

Der amtierende Finanzminister Fernando Haddad verfügt nicht über die erforderliche Popularität; seine Erfolge in der Wirtschaftspolitik haben ihm wenig Bekanntheit eingebracht. Gleisi Hoffmann, Vorsitzende der PT und eher links orientiert, ist kaum beliebter als Haddad und ohnehin nicht an dem Amt interessiert. Rui Costa, der ehemalige Gouverneur des Bundesstaates Bahia, der eine eher gemäßigte Position innerhalb der PT einnimmt, hat ein stärkeres Profil, aber auch seine Popularität verblasst im Vergleich zu Lula. Außerhalb dieser Spitzenriege der PT wird die Liste möglicher Kandidaten immer kürzer und vager. Es dürfte bald Druck auf Lula ausgeübt werden, erneut zu kandidieren. Dies würde seine dominante Position innerhalb der brasilianischen Linken weiter festigen.

Unterdessen hat die rechte Opposition ihre eigenen Probleme. Der Oberste Gerichtshof hat am 26. März einstimmig die Anklage gegen Bolsonaro angenommen. Der Ex-Präsident wartet nun zusammen mit sieben engen Verbündeten auf seinen Prozess wegen Verschwörung zum Staatsstreich mit dem Ziel, das Wahlergebnis von 2022 rückgängig zu machen.

Bolsonaro ist aufgrund seiner früheren Vergehen somit von öffentlichen Ämtern ausgeschlossen und muss nun möglicherweise mit einer jahrzehntelangen Haftstrafe rechnen. Der Rechten fehlt damit ihr Anführer. Vom politisch versierten Gouverneur von São Paulo, Tarcísio de Freitas, bis hin zu Bolsonaros Sohn Eduardo wären potenzielle Kandidaten nicht viel mehr als Ersatzfiguren für den ehemaligen Präsidenten. Es scheint fast wie ein Spiegelbild der Situation von Lula und der Linken im Jahr 2018.

Die Umfragen zeigen derweil, dass Lula die Kontrolle über die aktuelle politische Debatte zurückgewinnen muss. Würden morgen Wahlen stattfinden, wären seine Aussichten auf eine Wiederwahl gering, aber immer noch besser als die jeder anderen linken Persönlichkeit. Seine Regierung hat bis Oktober 2026 Zeit, um verlorenes Terrain zurückzugewinnen. Sie muss die Kluft zwischen ihrer Politik und der öffentlichen Wahrnehmung schließen und ein positives Gefühl des Wachstums schaffen. Das ist natürlich viel schwieriger, als Chaos und Negativität zu schüren, wie es die Rechte tut.

Sollte Lula selbst erneut kandidieren, muss er dafür schlüssige Begründungen vorbringen. Diese müssen über die Wahrnehmung hinausgehen, er sei die einzige Option für alle, die sich gegen die radikale Rechte stellen wollen. Wenn er sich stattdessen dafür entscheidet, einen anderen Kandidaten zu unterstützen – höchstwahrscheinlich einen Nachfolger aus den Reihen seiner eigenen Partei –, muss dieser eine eigene öffentliche Präsenz entwickeln und aus Lulas Schatten heraustreten. Andernfalls ist eine Niederlage unvermeidlich.

Ein Anhänger Lulas zeigt mit der Hand ein »L«, das Symbol für den linken Präsidenten.

Olavo Passos de Souza ist Doktorand an der Stanford University.

Die Axie des Bösen

Kryptobasierte Games wie Axie Infinity sind kein Vergnügen für die Menschen in den Philippinen, die sie für ihren Lebensunterhalt spielen.

Übersetzung ◂ **Tim Steins** Illustration ◂ **Meg Studer**

»Wir glauben an eine Zukunft, in der Arbeit und Freizeit miteinander verschmelzen«, heißt es auf der Website des Videospielentwicklers Sky Mavis. In den Philippinen und anderen Entwicklungsländern kann man bereits einen Ausblick auf diese Zukunft erhalten – und er ist düster. Während der Pandemie haben Millionen verzweifelter Filipinos ihre verlorenen Einkommensquellen durch endlose Stunden in einem von Sky Mavis entwickelten »Play-to-Earn«-Handyspiel ersetzt. Schon bald entstand eine ebenso instabile wie ausbeuterische Wirtschaft rund um das Spiel Axie Infinity. Laut Ökonomen handelt es sich um ein gigantisches Schneeballsystem.

Im Spiel kaufen und trainieren die Gamer niedliche Monster, die Axies. Für erfolgreiche Kämpfe gegen andere Spieler erhalten sie eine sogenannte »Smooth Love Potion« (SLP), eine auf Ethereum basierende Kryptowährung. Die Axies sind darüber hinaus Non-Fungible Tokens (NFTs) und können selbst mit Gewinn verkauft werden.

Als Axie Infinity im Jahr 2020 populär wurde, konnte man mit dem Spiel tatsächlich einen gewissen Lebensunterhalt erzielen: Ein philippinischer Early Adopter verdiente in fünfzehn Tagen 487 Dollar, weit mehr als den Mindestlohn auf den Philippinen von etwa 11 Dollar pro Tag. Filipinos, die meist über einen Internetzugang, aber oft kein Bankkonto verfügen, machten bald 40 Prozent der Nutzer des Spiels aus. Zu Hochzeiten gab es rund 2,7 Millionen Spielerinnen und Spieler.

Ab 2021 akzeptierten einzelne Vermieter, Tankstellen und Restaurants auf den Philippinen Zahlungen in SLP. Mit der zunehmenden Popularität von Axie Infinity begannen die SLP jedoch an Wert zu verlieren, während die Kosten für Starter-Axies auf 40 Prozent des durchschnittlichen Monatsgehalts eines Filipinos stiegen. Da sie sich bald keine eigenen Axies mehr leisten konnten, begannen die Gamer, diese von Vermittlern zu leasen, die 30 bis 50 Prozent der mit den Axies erzielten Einnahmen einbehielten. Dadurch sanken die durchschnittlichen Einnahmen auf nur noch 29 Dollar pro Woche.

Anfang 2022 brach dann der Kryptomarkt ein. Die SLP verloren auf einen Schlag 99 Prozent ihres Wertes. Etwa zur gleichen Zeit drangen nordkoreanische Hacker in die Systeme von Axie Infinity ein und stahlen Kryptowährung im Wert von mehr als 600 Millionen Dollar, hauptsächlich von den Spielerinnen und Spielern. Wenn diese externen Schocks das Spiel nicht zerstört hätten, wäre es früher oder später wohl unter seinem eigenen Gewicht zusammengebrochen: Sky Mavis selbst räumt ein, dass Axie Infinity »von neuen Teilnehmern abhängig« ist, um neue SLP zu generieren. Das klingt eindeutig nach einem Ponzi-System.

All diese Erfahrungen haben trotzdem nicht verhindert, dass Play-to-Earn-Spiele (P2E) in den Philippinen ein Comeback erlebten, als sich die Kryptopreise 2024 erholten. Zu den Nachfolgern von Axie Infinity gehört ein Landwirtschaftssimulator namens Pixels. Zwischen Ende 2023 und Anfang 2024 ist die Zahl der philippinischen Nutzer dieses Spiels von 80.000 auf 830.000 gestiegen. ❐

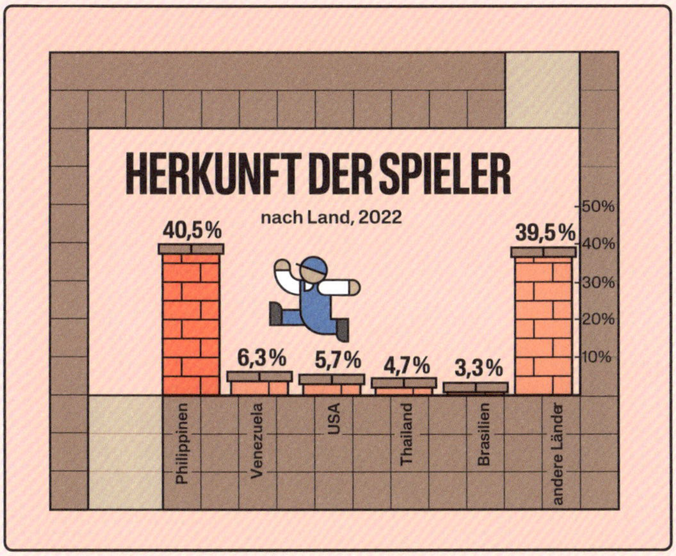

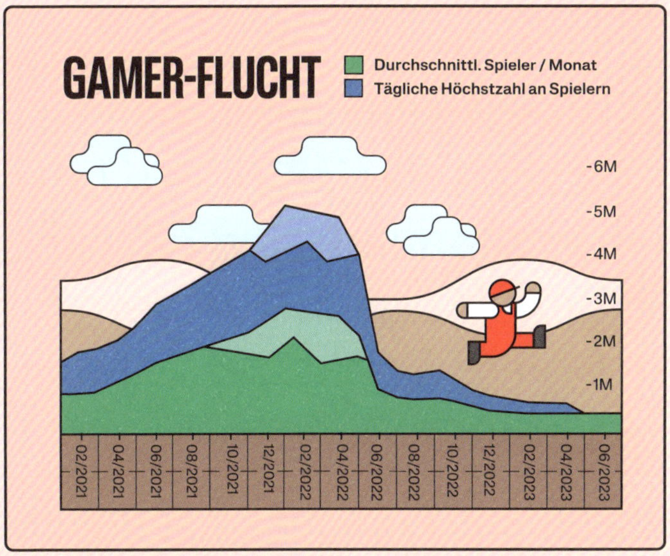

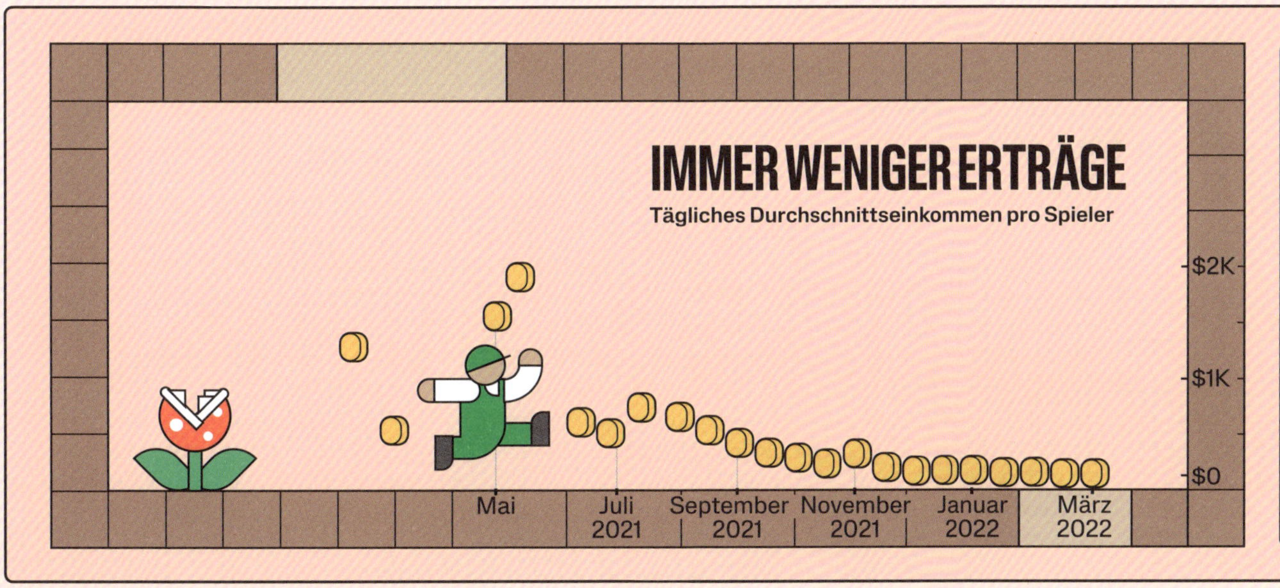

Quellen: Alam (2022), Priori Data

Matt Broomfield

Willkommen in Kushner-Albanien

Donald Trumps Schwiegersohn Jared Kushner hat einen 1,4 Milliarden Dollar schweren Deal abgeschlossen, um die größte Insel Albaniens in ein Luxusresort umzubauen. Und das ist nicht der einzige Fall, in dem die Souveränität des Landes zum Verkauf steht.

Übersetzung ◄ **Tim Steins**

Eine albanische Bäuerin auf einem Eselwagen, Aufnahme von 2009.

Donald Trumps Schwiegersohn Jared Kushner hat kürzlich eine Investition in Höhe von 1,4 Milliarden Dollar für den Umbau von Albaniens größter Insel Sazan zu einem Luxusresort zugesagt. Anschließend veröffentlichte er digitale Mock-ups für das bisherige Naturschutzgebiet, das durch Reihen von Apartments mit Glasfassaden und Infinity-Pools umgestaltet werden soll. Die Bilder erinnern an Trumps bizarre, KI-generierte Vision einer »Gaza-Riviera« – ein opulentes Resort, das auf dem Land errichtet werden soll, das von inzwischen wohl 80.000 ermordeten und 2 Millionen vertriebenen oder deportierten Palästinensern hinterlassen wurde.

Doch die beiden Projekte verbindet mehr als nur ähnlich geschmacklose Luxusvisionen. Affinity Partners, die Investmentgesellschaft, über die Kushner Sazan aufkauft, wurde gegründet, um mit saudischem Geld Investitionen zwischen Israel und der arabischen Welt zu fördern. Und Albanien – ein armes europäisches Land mit einer gewissen muslimischen Identität sowie dem Willen nach Integration in den Westen – ist ein wichtiges Puzzleteil dabei.

Wie das Sazan-Megaprojekt zeigt, sind die Souveränität und die geopolitische Loyalität Albaniens käuflich – und hinter Kushner steht gleich als zweites Israel in der Schlange. Indem der albanische Ministerpräsident Edi Rama nicht nur Flächen für das Sazan-Projekt, sondern auch für von Israel finanzierte Kindergärten, Gesundheitszentren oder KI-Projekte bereitstellt sowie mit Israel verbundene iranische Oppositionskämpfer und sogar einen geplanten pro-israelischen muslimischen Mikrostaat analog zum Vatikan in Tirana unterstützt, positioniert er sein Land als wichtigen Vorposten für eine entstehende Konstellation aus Rechtspopulisten und Israel-Apologeten.

»Sie kommen mit dem Hubschrauber«

Ich komme auf Sazan an, wenige Stunden, nachdem Kushner und seine Frau Ivanka Trump ihren jüngsten Blitzbesuch abgestattet haben. »Sie kamen mit einer großen militärischen Eskorte, und unsere Boote mussten sich fernhalten«, berichtet Arben, ein junger Einheimischer, am Inselkai. Arben verdient seinen Lebensunterhalt mit Bootsausflügen vom nahe gelegenen Ferienort Vlorë. »Sie haben uns natürlich nicht gefragt. Eines Tages tauchte unser Premier einfach im Fernsehen auf und teilte uns mit, dass die Insel verkauft worden ist.«

Sazan hat ein subtropisches Klima, kristallklares Wasser, eine üppige Farnvegetation – und tausende Bunker aus der Zeit des Kalten Krieges, als Albanien extrem isoliert war und vom kommunistischen Diktator Enver Hoxha geführt wurde. Heute ist ein Großteil der Insel für die Öffentlichkeit gesperrt. Sie ist nach wie vor mit nicht detonierten Sprengkörpern übersät; im Hafen schaukelt ein kleines Kriegsschiff.

Sazan war bis zum Verkauf an Kushner 2024 in staatlicher Hand. In den vergangenen Monaten und Jahren hat die albanische Regierung aber ihre Gesetze umfassend geändert, um Luxusprojekte auch in vormaligen Schutzgebieten zu ermöglichen. »Wenn du ein sogenannter

›strategischer Investor‹ bist, kannst du einfach das Gesetz brechen. Ist auch keine Überraschung, unsere Regierung ist einfach eine Mafia«, konstatiert Kosta Xhaho, der für eine lokale Umwelt-NGO arbeitet. Ebenfalls attraktiv für Kushners Affinity Partners ist, dass sie während der Bauphase keinerlei Steuern zahlen müssen – und die albanische Regierung die weiteren Infrastrukturkosten übernehmen will.

Das Bauprojekt erstreckt sich auch auf das Festland. Im Morgengrauen fahren Xhaho und ich von Vlorë in ein benachbartes Naturschutzgebiet, wo der Vjosë, der als einer der letzten wirklich »wilden« Flüsse Europas gilt, in die Adria mündet. Das Delta hat eine surreale Schönheit. Flamingos dösen in Salzwiesen, Pelikane schweben über ihnen, und auch geschützte Robben, Schakale und Schildkröten sind in diesem unberührten, unerschlossenen Abschnitt der Adriaküste zu finden. Xhaho kennt das Naturschutzgebiet offensichtlich sehr gut – er weist auf die handgezählten 281 Flamingoeier hin, die in einem Abschnitt des Deltas gelegt wurden. Hinzu kommen auch Menschen, die er persönlich kennt und die ihre eigenen kleineren Bauverstöße begangen haben.

Obwohl der Vjosë einer der letzten naturbelassenen großen Flüsse Europas und sogar Teil eines Nationalparks ist, wird Kushners Bauprojekt hier Flamingoeier und selbstgezimmerte Strandhütten gleichermaßen zerstören. Ferienunterkünfte für schätzungsweise 20.000 bis 30.000 Touristen sollen in den Lagunen errichtet werden, daneben ein Casino. In der Nähe steht der Bau des laut Rama größten Flughafens auf dem Balkan kurz vor der Fertigstellung. Er soll jährlich 750.000 Gäste abfertigen und sogar Direktflüge in die USA anbieten. Xhaho warnt, dass der zunehmende Flugverkehr das reiche Vogelleben der Region stören wird. Ihm sei aber auch bewusst, dass derartige Beschwerden Investoren kaum abschrecken werden: »[Kushner und Trump] kommen kurz mit dem Hubschrauber her und fliegen schnell wieder weg. Sie wollen sich nicht mit den einfachen Leuten auseinandersetzen.«

Tourismusboom für wen?

Der Tourismus ist *big business* im postkommunistischen Albanien. 2024 kamen fast zwölf Millionen Besucherinnen und Besucher – viermal so viele Menschen wie die lokale Bevölkerung zählt. Investitionen aus der Diaspora sind ins Land zurückgeflossen; die einst unberührte albanische Riviera wurde mit halbfertigen Hotelanlagen und privatisierten Strandbars überzogen. Es gibt zweifellos Geld zu verdienen, doch Korruption und Geldwäsche sind nach wie vor weit verbreitet, und die Lebenshaltungskosten steigen unaufhaltsam. Diese Situation führt dazu, dass die meisten Einheimischen auf eine Kombination aus Überweisungen von Verwandten im Ausland und den Einnahmen aus der touristischen Sommersaison angewiesen sind. Xhaho kommentiert: »In den letzten zehn Jahren hat sich Albanien komplett verwandelt — aber verwandelt in Beton, nicht im positiven Sinne.«

Einige Locals werden sicherlich von Kushners Investment profitieren. Bootskapitän und Reiseleiter Arbër, der nach eigenen Angaben Vertreter von Kushners Investmentgesellschaft nach Sazan begleitet hat, wiederholt Xhahos Feststellung, jedoch in einem deutlich positiveren Licht: »Im Vergleich zu vor zehn Jahren ist unser Land schon heute nicht wiederzuerkennen«, sagt er und nippt an seinem Kaffee. Vor einem Kloster innerhalb der geplanten Entwicklungszone stehend fügt er hinzu: »Jetzt geht [Premierminister Edi Rama] einen Schritt weiter. [...] Dieses Gebiet war leer; es ist gut, dass hier investiert wird.«

Die im Sumpf liegenden Dörfer im Vjosë-Delta, wo noch Hühner auf den Straßen herumlaufen, während über ihnen bereits der Kontrollturm des zukünftigen Flughafens emporragt, sind derzeit noch weit entfernt von Kushners Vision. Xhaho kritisiert, dass die Regierung das Gebiet trotz seiner formellen Schutzbestimmungen bewusst für die Erschließung ausgewählt habe.

Man habe gewusst, dass gerade die armen, älteren Einwohner sich dem Plan wohl kaum widersetzen würden: »Die Regierung hat diese Dörfer jahrelang vernachlässigt. Es gab weder Strom noch Wasser, und so verkauften die Einheimischen Teile ihres Landes für 15 Euro pro Quadratmeter, weil sie dachten, dort würden Parkplätze oder Ähnliches entstehen. Jetzt ist das Land aber abgeriegelt und sie müssen wegziehen.« Ein älterer Hirte aus dem Nachbardorf habe fälschlicherweise geglaubt, er könne seine Herde auf der Landebahn weiden lassen. Das Sicherheitspersonal verscheuchte ihn umgehend.

Rendering des geplanten Luxus-Resorts auf der Insel Sazan, die bisher als Naturschutzgebiet galt.

»Wenn du ein sogenannter ›strategischer Investor‹ bist, kannst du einfach das Gesetz brechen. Ist auch keine Überraschung, unsere Regierung ist einfach eine Mafia.«

Xhaho betont, dass seine NGO nicht gegen die Entwicklung oder auch nur die Anwesenheit von Menschen im Delta an sich sei: »Mein Vater war hier 35 Jahre lang Fischer, bis das Gebiet zum Schutzgebiet erklärt wurde. Vorher haben sie es selbst vor Bränden und Bodenerosion geschützt.« Er gehe jedoch davon aus, dass die neuen Bauprojekte abgeschottete Ferienanlagen sein werden, die nur begrenzte Beschäftigungsmöglichkeiten für die lokale Bevölkerung bieten, die Preise in unerschwingliche Höhen treiben und kurzsichtig die empfindlichen natürlichen Ressourcen zerstören, die doch erst den touristischen Reiz der Region ausmachten.

Ein Testlauf für die Gaza-Riviera?

Die verschlafenen Dörfer und Vogelmigrationsgebiete des Vjosë-Deltas scheinen weit entfernt von den Schrecken des Gazastreifens zu sein. Doch es gibt Querverbindungen, gerade in Trumps Vision für die strategisch wichtige Region des östlichen Mittelmeerraums, die sich von Vlorë über Hunderte von Kilometern bis hinunter nach Gaza-Stadt erstreckt.

Es war Kushner, der erstmals die absurd erscheinende Idee ins Spiel brachte, die »sehr wertvollen […] Grundstücke am Wasser« eines ethnisch gesäuberten Gazastreifens zu erschließen, nachdem dessen überlebende Bewohnerinnen und Bewohner deportiert sein würden. Für das Unternehmen Affinity Partners, das Milliarden aus Saudi-Arabien, Katar und Abu Dhabi erhalten hat und bereits massiv in das besetzte Westjordanland investiert, könnte Sazan somit ein Testlauf für die Bauvorhaben in einem zukünftig von Israel verwalteten Gaza nach dem Genozid sein. Kurzzeitig gab es sogar israelische Presseberichte, laut denen 10.000 Menschen aus Gaza nach Albanien umgesiedelt werden könnten.

»Es gab weder Strom noch Wasser, und so verkauften die Einheimischen Teile ihres Landes für 15 Euro pro Quadratmeter, weil sie dachten, dort würden Parkplätze oder Ähnliches entstehen. Jetzt ist das Land aber abgeriegelt und sie müssen wegziehen.«

Rama wies dieses Gerücht umgehend zurück. Dennoch hat er sein Land als wichtigen Verbündeten Israels in der ansonsten eher feindlich gesinnten muslimischen Welt etabliert. So kritisierte Rama beispielsweise, dass das Hoxha-Regime einst Israel in geradezu iranischer Weise als »kleinen Satan« charakterisierte und verwies stattdessen auf Albaniens stolzes Erbe als Zufluchtsort für jüdische Flüchtlinge während des Holocaust.

»Albanien war traditionell immer ein bedingungsloser Unterstützer der US-Außenpolitik unter diversen Regierungen«, sagt auch Alfred Bushi, Aktivist der linken oppositionellen Partei Lëvizja Bashkë. Er erinnert, die Regierung habe sich geweigert, bei den Vereinten Nationen für einen Waffenstillstand in Gaza zu stimmen, was er als »Schande für das Land« bezeichnet. Als Dank für diese unerschütterliche Unterstützung erhielt Rama kürzlich die höchste zivile Auszeichnung Israels. Albaniens Oberrabbiner Yoel Kaplan ist derweil Offizier der israelischen Streitkräfte und wurde unter anderem gefilmt, wie er für die israelischen Truppen betete und dabei die Zerstörung Gazas bejubelte.

Während andere Häfen sich weigern, israelische Militärgüter umzuschlagen, ist die albanische Küste für derartige Geschäfte offen geblieben. Das kleine Land ist außerdem der viertgrößte Lieferant von lebenswichtigem Öl für Israel. Die beiden Staaten vertiefen ihre Beziehungen in den Bereichen Cybersicherheit und Rüstungsexporte. Projekte wie die Investition der israelischen Botschaft in einen örtlichen Kindergarten oder die Israel-Kulturwoche in der albanischen Hauptstadt Tirana dienen auch dazu, den Völkermord Israels in Gaza reinzuwaschen und in den Hintergrund zu rücken.

Neue Direktflüge zwischen Tirana und Tel Aviv sowie zwei neue Museen, die das jüdische Erbe in Albanien dokumentieren, sollen den Tourismus zwischen den beiden Ländern weiter ankurbeln. »Wenn Israel sich in Form eines Kindergartens, eines Krankenhauses sowie in Verteidigungs- und KI-Projekten engagiert, dann beunruhigt mich das als Albanerin zutiefst«, fasst die lokale Aktivistin Fioralba Duma,

Bunker im Vjosa-Tal, der aus der Zeit der Diktatur unter Enver Hoxha stammt.

Ein mit Getreidehalmen beladenes Pferd bei der Arbeit.

die sich gegen den israelischen Einfluss in Albanien einsetzt, zusammen. Sie sehe eine »gefährliche Whitewashing-Politik«.

Ein pro-israelischer Mikrostaat

Ein besonders auffälliger Aspekt dieser Zusammenarbeit ist Ramas Angebot, albanisches Territorium als westlichen Stützpunkt gegen den Iran zur Verfügung zu stellen. In den vergangenen zehn Jahren hat Albanien darüber hinaus mehrere tausend Mitglieder der sogenannten Volksmudschahedin aufgenommen, einer durchaus kuriosen iranischen Oppositionsgruppe, die seit Jahrzehnten im Exil lebt und dort immer einflussloser, machtloser und von den Realitäten im heutigen Iran entkoppelter wurde.

Zwischen 2013 und 2016 brachten die USA Mitglieder der Volksmudschahedin aus einem Lager im Irak in ein anderes an der albanischen Küste. Dort werden sie sporadisch von hochrangigen US-Sicherheits- und Politvertretern besucht, darunter auch Personen aus dem Umfeld der Trump-Regierung, die die Gruppe weiterhin für Militäraktionen im Iran vorbereiten sollen. (2022 hat Albanien übrigens die gesamte iranische Botschaftsbelegschaft ausgewiesen, nachdem diese angeblich mehrere Cyberangriffe gegen das Balkanland verübt hatte.)

Offenbar nicht zufrieden mit all diesen bemerkenswerten Gesten des guten Willens übertraf sich Rama 2024 selbst, indem er die Gründung eines unabhängigen, pro-israelischen muslimischen Mikrostaates versprach: Der alte muslimische Orden der Bektaschi stützt sich sowohl auf sunnitische als auch auf schiitische Traditionen, hat Millionen Anhänger vor allem in der Türkei – und seinen Hauptsitz in Albanien.

Unter dem Einfluss der USA haben sich die Führer der Bektaschi von ihren früheren Beziehungen zu Teheran distanziert und sich immer stärker an den Einflussbereich Israels angenähert. Es folgten gegenseitige Besuche, der Austausch von Auszeichnungen, Unterstützungserklärungen der Bektaschi für Israel und Gespräche über gemeinsame Wirtschaftsprojekte. Dies gipfelte darin, dass die muslimische Gruppe den israelischen Präsidenten Isaac Herzog – auf dem Höhepunkt des Massakers in Gaza – herzlich als ihren Gast empfing.

Als eine Art Belohnung dafür erklärte Rama einseitig die mögliche Gründung des kleinsten Staates der Welt. Dieser

Der albanische Premierminister Edi Rama feiert in Tirana am 14. Mai 2025 seine Wiederwahl und den Beginn seiner vierten Amtszeit.

sollte in dem Vatikan nachempfunden sein und physisch im Hauptquartier der Bektaschis in Tirana liegen. »Die Gründung eines Staates ist völkerrechtlich sehr problematisch«, erklärt die Aktivistin Duma. »Wie dem auch sei, man muss sich das einmal vorstellen – israelische Soldaten, die wegen Völkermordes gesucht werden, könnten dorthin ausreisen und wären vor Auslieferung sicher.« Wie auch immer die Sache letztendlich ausgeht, Tel Aviv dürfte profitieren. Schließlich weigern sich die Bektaschi-Führer hartnäckig, den Völkermord in Gaza zu verurteilen, und treten weiterhin gemeinsam mit Kaplan, dem bereits erwähnten albanischen Oberrabbiner und Jubelmann der IDF, auf.

Souveränität im Sonderangebot

Ob nun der Bektaschi-Staat, die Volksmudschahedin oder die Insel Sazan: Die Souveränität und das Territorium Albaniens stehen offensichtlich zum Ausverkauf. Zeitgleich konnte Rama kürzlich Vorwürfen der Opposition wegen Wahlmanipulationen trotzen und seinen vierten Wahlsieg in Folge feiern – vor allem dank großspuriger Versprechen, bis 2030 der EU beizutreten und die Integration mit dem Westen voranzutreiben.

In der Praxis bedeutet dies, enge Beziehungen zu Trump und Netanjahu zu pflegen, aber auch zu Figuren wie Italiens Giorgia Meloni, die eine umstrittene, 653 Millionen Dollar schwere Vereinbarung ausgehandelt hat, laut der italienische Offshore-Flüchtlingslager auf albanischem Boden eingerichtet werden sollten.

Und es sind weitere Deals in der gesamten Westbalkanregion in Vorbereitung. Kushners Affinity Partners sind zeitgleich an einem nicht weniger umstrittenen Projekt beteiligt, bei dem ein Gelände in der Innenstadt von Belgrad (auf dem sich derzeit ein Denkmal für die Opfer der NATO-Bombardements befindet) in ein weiteres 500 Millionen Dollar teures Luxusobjekt umgewandelt werden soll.

Auf der gesamten Balkanhalbinsel zeigt sich die angebotene »Integration« in den Westen in Form eines Geflechts aus Wirtschaftsinteressen, das regionale Machtakteure mit globalen rechtspopulistischen Führern verknüpft. Letztere profitieren von steuerfreien Investitionsmöglichkeiten und kaufen sich im Grunde genommen geopolitischen Einfluss zu einem günstigen Preis. Für die USA und die europäischen Mächte ist »ein unterwürfiges [albanisches] Regime, das bereit ist, ihren politischen und ökonomischen Interessen zu dienen, wichtiger als die Existenz eines demokratischen Rechtsstaats«, meint der Oppositionspolitiker Bushi.

Als der israelische Präsident Herzog Albaniens Premier Rama jüngst die Ehrenmedaille verlieh, erklärte er, Ramas unerschütterliche Unterstützung für Israel sei ein Beispiel für »Besa« – den albanischen Ehrenkodex, in dem Loyalität und Gastfreundschaft gegenüber Fremden besonders betont werden. Keiner der beiden dürfte an die palästinensischen Menschen gedacht haben, die zu genau diesem Zeitpunkt aus ihren Häusern vertrieben wurden.

Matt Broomfield ist freier Journalist und Forscher, der früher in Syrisch-Kurdistan lebte, und Autor des Buches *Hope Without Hope: Rojava and Revolutionary Commitment*.

Kulturpalast

»Ich möchte alles sein — aber kein Opfer«

Interview mit Kurdwin Ayub

Interview ◂ **Magdalena Berger**
Fotografie ◂ **Christopher Glanzl**

Kurdwin Ayub macht Filme über Migration und Feminismus, die Klischees aufbrechen. Im Interview spricht sie darüber, warum man mit Mitleid niemanden ermächtigen kann.

Kaum eine österreichische Regisseurin hat in den letzten Jahren so viel Aufmerksamkeit auf sich gezogen wie Kurdwin Ayub. Mit ihren Filmen *Mond* (2024) und *Sonne* (2022) gewann sie zahlreiche Auszeichnungen, ihr Theaterstück *Weiße Witwe* war zuletzt an der Berliner Volksbühne zu sehen.

Wer vom politischen Kino gelangweilt ist – zu brav, zu erwartbar, zu pädagogisch –, kennt die Filme von Ayub noch nicht. Anstatt ihr Publikum zu belehren, fordert sie es heraus: *Sonne* erzählt von drei Wiener Teenagerinnen, die viral gehen, nachdem sie sich beim Singen eines Popsongs im Hijab filmen. In *Mond* reist eine Wiener MMA-Kämpferin, gespielt von der Performancekünstlerin Florentina Holzinger, nach Jordanien, um dort die Töchter einer wohlhabenden Familie zu trainieren. Mit *Weiße Witwe* liefert Ayub eine Neuinterpretation von *Tausendundeine Nacht* – mit einer sexbesessenen Diktatorin im Islamischen Staat Europa des Jahres 2666 im Zentrum der Geschichte. Anstatt Erwartungen zu bedienen, bricht Ayub mit vorherrschenden Vorstellungen über Feminismus und Migration.

Wir treffen uns im Café Bräunerhof, dem Lieblingskaffeehaus von Thomas Bernhard, und sprechen bei einem Eiskaffee über ihre Arbeit, falsche Vorstellungen von Diversität und darüber, was eigentlich gute politische Kunst ausmacht.

Du bist in Wien Simmering aufgewachsen, einem klassischen Arbeiterbezirk in Wien, der auch viele FPÖ-Wähler hat. Wie war das, dort als Tochter kurdischer Geflüchteter groß zu werden?

K.A. Ich muss ehrlich sagen, dass ich nicht das Gefühl hatte, ich wachse als Tochter von kurdischen Flüchtlingen auf. Für mich war das einfach normal. Ich hatte das Gefühl, meine österreichischen Freundinnen und ich haben eh alle dieselben Probleme: Wir hassen unsere Eltern.

Also, es gab schon Unterschiede, meine Eltern haben zu Hause kurdisch gesprochen und ich durfte als Jugendliche nichts machen, weil mein Vater voll streng war. Und ich habe auch das Kriegstrauma meiner Eltern mitbekommen. Aber bevor ich von zu Hause weg war, habe ich nie so richtig verstanden, warum ich bin, wie ich bin.

Als Kind hat das nicht so eine große Rolle gespielt. Wenn du mit anderen Kindern aufwächst, ist es egal, ob die jetzt blond- oder braunhaarig sind. Als ich dann aus diesem Umfeld weg war, war ich plötzlich nicht mehr einfach Kurdwin, sondern Kurdwin mit Migrationshintergrund.

Mit achtzehn bist Du von zu Hause weggelaufen und hast »rebelliert«, indem Du an die Kunst-Uni gegangen bist. War das ein harter Clash?

K.A. Ich hab' mich so fremd und leer gefühlt. Die Leute dort hatten schon Ausstellungen und irgendwelche Erfahrungen gesammelt. Und ich dachte nur so: Oh Gott, ich komme nicht aus dieser Welt. Das hat ein paar Monate gedauert, bis ich aus diesem Gefühl wieder rausgekommen bin. Aber irgendwann habe ich gecheckt, die Leute dort sind halt auch so Verlorene wie ich.

In Deinen Filmen geht es vor allem um Flucht und Migration. Gleichzeitig sind sie in der Erzählung und Form ur-österreichisch: morbide und oft irgendwie beengend.

K.A. Das kommt automatisch – also diese österreichische Erzählform. Aber gleichzeitig hat das Kurdische auch so etwas Morbides. Da gibt es so viel Leid und so viel Drama und so viel schwarzen Humor. Das ist einfach mit dem Österreichischen gemischt. So wie ich ja auch.

In Interviews lässt Du durchklingen, dass Du viel Kunst, die unter dem Label der Diversität produziert wird, eindimensional findest und Du explizit keine, wie du es nennst, »brave Ausländerkunst« machen möchtest.

K.A. Ja, das ist so ein Missverständnis von Political Correctness und Popkultur. Also, manche Leute glauben, man muss mehr Filme über Migranten machen und die müssen alle total empowernd sein. Da sind dann alle migrantischen Charaktere Ärzte oder so. Dabei gibt es auch eine Lebensrealität, die nicht super ist und die wird immer so kaschiert und sehr sensibel behandelt. Da denke ich mir: »Okay, Leute, wir können damit umgehen. Man muss nicht mit Wattepads auf uns zukommen.«

Das ist paternalisierend und das mag ich einfach nicht. Ich habe schon immer so ein Problem mit Mitleid und Paternalismus gehabt. Ich denke mir: »Ich muss nicht brav sein, ich kann *bad* sein, ich kann gut sein, ich kann alles sein, was du bist.«

Diese Einordnung kommt ja von außen. Fällt es Dir leicht, Dich diesen Zwängen zu entziehen?

K.A. Nein, überhaupt nicht – auch deshalb, weil ich mich so viel damit auseinandersetze, was mir als Geschichtenerzählerin über andere Kulturen als die europäische überhaupt erlaubt wird. Aber am Ende des Tages ist es eh egal, wie korrekt man etwas machen will; es gibt immer Leute, die es scheiße finden und dich Nazi nennen.

Bevor *Weiße Witwe* in Wien gespielt wurde, meintest Du, da »werden sich alle aufregen«? Hast Du Angst, vereinnahmt zu werden? Die *Welt* hat ja zum Beispiel aus Deinem Joke, dass Houellebecq nicht weit genug geht, eine Headline gemacht.

»Manche Leute glauben, man muss mehr Filme über Migranten machen und die müssen alle total empowernd sein. Da sind dann alle migrantischen Charaktere Ärzte oder so.«

K.A. Eigentlich nicht. Ich sage ja nicht, wir wollen keine Migranten mehr. Ich bin keine Politikerin, ich bin Künstlerin. Also, man muss schon echt blöd sein, das nicht zu verstehen.

Viele von diesen Diskussionen finde ich auch einfach nur witzig. Ich hab' halt Krieg erlebt und wenn mir Leute sagen, ich darf manche Dinge nicht zeigen, denke ich mir: »Okay, chill dein Leben und geh zurück in deine Eigentumswohnung, trink ein selbst gemachtes Craftbeer oder so. Dann kannst du dich wieder beruhigen.« Ich weiß einfach, wer ich bin. Ich kenne meine Ideale und die von den Leuten, die mit mir arbeiten. Darum habe ich keine Angst – und wenn sich die Leute aufregen, dann ist das eh gut, weil das Aufmerksamkeit gibt.

Ich hatte eine Erfahrung, die ich richtig arg fand: Ein Kurator meinte einmal zu mir, er sei sich nicht sicher, ob er *Sonne* vor einem weißen Publikum zeigen könne. Er wollte den Film canceln, weil die migrantische Familie in dem Film auch Probleme hatte und weiße Leute darüber nicht urteilen sollten. Das hat mich extrem erschreckt.

Die weißen Leute in Deinen Filmen kommen ja auch nicht gut weg. Sarah in *Mond* möchte in klassischer White-Savior-Manier die unterdrückten jordanischen Mädchen befreien. In *Weiße Witwe* basiert die sexbesessene Diktatorin auf einer Nordirin, die konvertiert ist und als Terroristin gesucht wird. Warum sind gerade weiße Frauen, die orientalistische Fantasien über die arabische und kurdische Welt haben, so spannend für Dich?

K.A. Ich glaube, das liegt daran, dass ich so viele Freundinnen hatte, die diese Welt romantisiert und exotisiert haben. Das war eigenartig für mich, dass die so in diese Welt abtauchen wollten.

Eine Freundin aus meiner Schule hat sich mal in einen muslimischen Jungen verliebt, ist für ihn konvertiert und hat angefangen, Kopftuch zu tragen. Sie wollte mit mir auch unbedingt in die kurdische Sprachschule gehen, damit sie auch Kurdisch lernen kann. Sie fand einfach alle und alles aus der Kultur im arabischen Raum, inklusiver aller Minderheiten, urcool. Und ich fand das sehr seltsam. Ich hatte Probleme mit der Kultur, aus der ich gekommen bin, und sie wollte da ganz rein. Sie war auch voll die Streberin in der Kurdisch-Schule und ich musste da hin, weil mein Vater mich dahin geschickt hat. Manchmal dachte ich, sie wollte die bessere Ausländerin sein, obwohl sie keine ist.

Ist es eigentlich Absicht, dass so wenige Männer in Deinen Filmen vorkommen?

K.A. Ich konnte mich in Männer einfach nie so gut hineinversetzen. Ich fühle mich Frauen einfach viel näher. Aber in meinem nächsten Film *Sterne* kommen auch Männer vor, also wechsle ich das Gender mal. Ich muss jetzt herausfinden, was

»Ich hasse es, Mitleid zu bekommen, außer es kommt von Menschen, die mir sehr nahestehen und mich unterstützen, wenn ich leide.«

Männer untereinander reden, was sie fühlen und was sie sich wünschen. Es gibt viele Klischees darüber, was Männer beschäftigt, und ich glaube, dass vieles davon stimmt. Und ja, die Welt und wie sie jahrhundertelang funktioniert hat, hat Männer so gemacht.

Aber ich stoße dadurch auch auf Widersprüche in mir selbst: Da ich eine heterosexuelle Frau bin, erwische ich mich immer wieder dabei, die männliche Seele zu verachten und gleichzeitig lieb zu finden. Vielleicht habe ich auch deswegen nie so richtig Männercharaktere geschrieben. Ich hatte einfach keine Lust darauf, Männern meine Zeit und Kraft zu widmen, ihnen komplexe Seelen in meinen Filmen zu geben, zu denen ich Gefühle aufbaue.

Die Frauen, die Du in Deinen Werken erschaffst, müssen die unterschiedlichsten Zwänge navigieren, aber sind gleichzeitig rebellisch.

K.A. Mir ist wichtig, dass meine Frauenfiguren Kämpferinnen oder Rebellinnen sind, aber auch zum Beispiel Bösewichte sein können. Ich glaube, das hat viel mit mir selbst zu tun. Ich möchte alles sein – aber kein Opfer. Ich hasse es, Mitleid zu bekommen, außer es kommt von Menschen, die mir sehr nahestehen und mich unterstützen, wenn ich leide. Doch Mitleid von Menschen, die man nicht kennt, war für mich immer auch eine Form der Überhöhung. Deswegen möchte ich nicht, dass mein Publikum im Saal sitzt und Mitleid mit meinen Figuren hat. Weil meine Figuren ja irgendwie auch alle ein bisschen Kurdwins sind.

Glaubst Du, dass Leute lieber klare Statements von Dir wollen als Kunst, die auch Ambivalenzen aufzeigt?

K.A. Ich weiß es nicht. Meine Kunst ist ja sehr spezifisch, es kommt nur so ein Arthouse-Publikum, um sich das anzusehen. Und ich überlege schon immer, wie ich dieses Publikum dann bespiele. Also *Weiße Witwe* wurde gerade bei der Volksbühne gezeigt, das ist ein linkes Bobo-Publikum und alle sind 100 Prozent Hipster. Wenn ich für den ORF etwas mache, dann überlege ich mir etwas anderes. Ich mache nie einen Film oder ein Stück, damit das Publikum dann dasitzt und sagt: »Sehr gut, super, da bin ich genau deiner Meinung.« Ich mache das Gegenteil davon, damit das Publikum beginnt, über sich selbst zu reflektieren.

Du sagst, dass Du keine Politikerin bist. Gleichzeitig gibt es aber in der Kulturwelt in den letzten Jahren schon so einen Trend zu Statement-Aktivismus.

K.A. Das ist wirklich furchtbar, überhaupt bei Preisverleihungen. Ich war letztens auf einer Preisverleihung, da gab es keine Kameras und gar kein öffentliches Publikum. Dann hat eine Person gewonnen und betritt die Bühne und beginnt darüber zu reden, dass wir etwas gegen die »Verstümmelung von Kindern« tun müssen, denen nach der Geburt das Geschlecht gewechselt wird. Und ich frage mich: Wem erzählst du das? Mir? Für den Fall, dass ich nicht auf die Idee komme, dass mein hypothetisches Kind sein Geschlecht wechselt?

Ich finde solche Reden von Künstlern immer sehr schwierig, die sind meistens nur dafür da, dass sie selbst geil rüberkommen. Es gibt schon Fälle, wo die Leute das aus den richtigen Gründen tun, aber oft ist das einfach nur superelitär. Ich finde die Performance von sowas ironisch und zynisch. Unsere Kunst ist schon politisch. Unsere Politik äußert sich durch das, was wir schaffen.

Aber ich verstehe in manchen Fällen auch, woher das kommt. Als es kurz davor stand, dass die FPÖ in die Regierung kommt, habe ich natürlich auch gesagt, dass das nicht gut ist. Wenn es hart auf hart kommt, glaube ich aber, dass die Kunst auch richtig rebellieren kann.

VERKÜRZTE KRITIK

Aura-Farming an der EDEKA-Kasse

► Es reicht nicht, dass der deutsche Arbeitnehmer acht Stunden am Tag seinen Chef reich machen muss. Jetzt wird er auch noch vor die Kamera gezerrt, um den Social-Media-Kanal seines Arbeitgebers zu bespielen. Warum braucht eine Malerfirma einen TikTok-Account? Warum erstellt eine Buchhaltungssoftware Info-Slides auf Instagram? Warum ist das Autohaus in meiner Stadt mausig? Der Influencer-Virus hat sogar die unschuldigen kleinen und mittleren Unternehmen erreicht. Aufmerksamkeit und Kaufkraft sind begrenzt und Customer Engagement der heiße Scheiß, also kann selbst der Friseursalon auf dem Dorf vermeintlich nicht darauf verzichten zu »grinden«. Wenn Du auf Tiktok irgendwann »Things in our *Jacobin* Office that just make sense« siehst, hol Hilfe! Aber es müsste nicht so sein: Wir könnten uns kollektiv vom Posten emanzipieren. Content-Abrüstung jetzt!

Tetris 2 – The Extended Universe

► *Ein Minecraft Film*, *Lilo & Stitch*, *Jurassic World – Die Wiedergeburt*, *Paddington in Peru*, *Wunderschöner*, *Mission: Impossible – The Final Reckoning*, *Die drei ??? und der Karpatenhund*, *Captain America*, *Drachenzähmen leicht gemacht*, *Schneewittchen* – das sind die bislang zehn erfolgreichsten Kinofilme dieses Jahres. Zehnmal Kino, keine einzige neue Idee. Es sind Remakes, Sequels, Buch-, Comic-, Märchen- oder Game-Adaptionen. Der Spitzenreiter in dieser monotonen Glotz-Parade ist *Ein Minecraft Film* – im Grunde ein hundert Minuten langer Werbespot für ein Computerspiel, das sich ohnehin verkauft wie geschnitten Brot. Reboots und Spin-offs gab es schon immer, aber inzwischen hat sich das Prinzip totalisiert: Die wenigen Megakonzerne, die den Filmmarkt dominieren, produzieren, was sich bereits verkauft hat – und zwar am besten mehrfach. Catch-All-Kino für alle und niemanden. Der Film wird zum Nebenprodukt in einem endlosen Verwertungszyklus der Marke Marvel, Star Wars, Lego: Spielzeugfiguren zum Nachkaufen, eine Spin-off-Serie in der Netflix-Streaming-Hölle zum Weiterschauen, ein McDonald's-Kooperationsmenü für den Heimweg. Dieser Verwertungsapparat läuft auf Autopilot. Dem Sozialismus wird routinemäßig triste kulturelle Einfalt vorgeworfen, aber so monochrom wie heute war das Kino wirklich noch nie. Wer jetzt in die Versuchung einer Publikumsbeschimpfung gerät, weil sich die Leute diesen seelenlosen Franchise-Matsch willentlich reinziehen, verdreht die Tatsachen: Der Markt produziert ein Angebot – das Publikum fügt sich. Wir haben ja sonst nüscht.

Nirgendwo wird sehnsüchtiger über die Brandmauer geschielt als bei der *Zeit*

»Nirgendwo wird interessanter über Politik gestritten als in der AfD«, stand da kurz in einer Schlagzeile der auflagenstärksten Wochenzeitung der Republik, die kommentarlos wieder verschwand. Hat wohl doch noch jemand gemerkt, dass man es mit der ehrfürchtigen Bewunderung des braunen Rands ein bisschen übertrieben hat. Aber was Politikredakteur Robert Pausch unter dieser Headline über die vermeintliche Brillanz eines Gesprächs zwischen SS-Verharmloser Maximilian Krah und Schnellroda-Verleger Götz Kubitschek schrieb – in Schwarzweiß-Pathos auf Kubitscheks Rittergut inszeniert –, ließ sich nachträglich nicht mehr runterpegeln. So viel »Tiefgang«, so viel »Substanz« will Pausch da erkennen. Der Lack glänzt wieder am rechten Rand – und die liberale Presse poliert mit. Auch Redakteurin Marlene Knobloch, die auf Erkundung in der *Dimes-Square-*Szene New Yorks unterwegs ist – ein Haufen gelangweilter *Rich Kids*, für die Eugenik und Faschismus ein valides Mittel der Provokation sind –, wirkt weniger angeekelt als enttäuscht darüber, dass sie auf einer hippen Fascho-Party unter »schönen, hochmütigen Gesichtern« nicht mitfeiern darf. Früher störte man sich am verrohten Jargon der Stammtische, den verbeulten Tweed-Anzügen der Gaulands. Jetzt, wo die Faschisten gerade Sätze sprechen können und orangenen Naturwein trinken, entziehen sie sich der liberalen Stilkritik. Dass da der Rechtsradikalismus romantisiert wird, ist das eine. Vor allem entlarvt es die fragile Selbstgewissheit eines Milieus, das jetzt einen schalen Schmerz darüber zu verspüren scheint, dass es verdammt nochmal nicht mehr sie selbst sind, die in Sachen Coolness und feingeistiger Intellektualität noch irgendwas zu melden haben.

Seife, Jeans und Vaterland

Es gibt eine Sache, die tragischer nicht sein könnte: Irgendwo auf diesem Planeten hat sich ein Mann vor ein paar Monaten heimlich eine von Sydney Sweeneys Seifen, die mit einem Tropfen ihres benutzten Badewassers versetzt sind, gekauft und sich danach friedlich neben seine Partnerin schlafen gelegt. Das Rebranding von Sweeney als *All-American-*Aphrodisiakum der MAGA-Bewegung hat mit einem Werbespot für eine Jeansmarke seinen vorläufigen *Rage-Bait-*Höhepunkt erreicht. Darin heißt es süffisant: »Sydney Sweeney has great jeans« – ein Wortspiel mit dem englischen Wort »genes«, also Gene. »Gene werden von den Eltern an ihre Nachkommen weitergegeben und bestimmen oft Merkmale wie Haarfarbe, Persönlichkeit und sogar Augenfarbe«, haucht Sweeney dem Publikum entgegen. Die Kamera schwenkt auf Sweeneys blaue Augen: »Meine Jeans ist blau.« Eine Schauspielerin, die aussieht wie aus einem BDM-Bilderband, freut sich über ihre guten Gene. Statt nerviger Woke-Werbung kriegen wir jetzt also sexy Rassenkunde-Werbung, weil das den Börsenkurs eines Modekonzerns in diesen Zeiten stärker in die Höhe treibt als zynisches *Virtue Signalling*. Wir leben wirklich in der schlimmsten aller Welten.

Evelina Johansson Wilén

Keine Familie ist auch keine Lösung

Übersetzung ◂ **Tim Steins**
Collage ◂ **Zane Zlemeša, Markus Stumpf**

Die Familie gilt vielen Linken als Stütze des Kapitalismus. Doch wer ihre Abschaffung fordert, verkennt das eigentliche Problem.

Seit einigen Jahren wächst in der Linken das Interesse daran, die Rolle der Familie und der Reproduktionsarbeit im Kapitalismus zu analysieren. Ein Großteil dieser Arbeit entstand unter dem Banner der Sozialreproduktionstheorie. Diese stützt sich auf den feministischen Marxismus der 1970er Jahre und betont, was die Familiensoziologin Susan Ferguson als »die umfassendere soziale Reproduktion des Systems« bezeichnet, sprich: die alltägliche Betreuungsarbeit, die in Haushalten (aber auch in Schulen, Krankenhäusern, Gefängnissen und anderen Institutionen) geleistet wird. Dieser Ansatz untersucht nicht nur, wie die Familie im Kapitalismus überlebt, sondern auch, wie sie zu seiner Aufrechterhaltung beiträgt.

Diese Theorie der sozialen Reproduktion kritisiert die Rolle der Familie im Kapitalismus, stellt aber selten das Fortbestehen der Familie an sich infrage. Diese radikalere Perspektive wurde inzwischen von einem wachsenden Kreis feministischer Denkerinnen wiederbelebt – darunter Alva Gotby, Sophie Lewis, Helen Hester, M. E. O'Brien, Melinda Cooper und Kathi Weeks –, die sich für das einsetzen, was heute als feministischer Familienabolitionismus bezeichnet

wird. Diese Denkerinnen wollen die Familie nicht verändern oder »reformieren«, sondern sie komplett abschaffen.

Die Argumentation für eine Abschaffung der Familie beruht auf zwei zentralen Thesen. Erstens fungiere die Familie als wichtiger Ort der kapitalistischen Reproduktion: Der Zufluss an zukünftigen Arbeitskräften werde gesichert, während gleichzeitig Erziehung, Pflege und Care-Arbeit in den privaten Zuständigkeitsbereich gedrängt würden. Zweitens sei die Familie ein Ort der Hierarchie, der Disziplin und des Zwangs. Dieses System ist strukturiert durch Geschlecht, ethnischer Zugehörigkeit und oftmals auch Gewalt. An seine Stelle möchten Abolitionistinnen eine Welt setzen, in der Fürsorge und Care-Arbeit von Verwandtschaft abgekoppelt, kollektiv organisiert und von patriarchalen und kapitalistischen Zwängen befreit ist. Das ist sicherlich eine ambitionierte Vision. Aber ist sie tragfähig?

Im Folgenden (und ausführlicher in meinem demnächst erscheinenden Buch) argumentiere ich, dass dies nicht der Fall ist. Der Familienabolitionismus bietet eine wertvolle Kritik an gewissen politischen Wertvorstellungen zur Kernfamilie und den ihr auferlegten Pflichten. Darüber hinaus fordert er zu Recht einen kollektiven und emanzipatorischeren Ansatz für Care-Arbeit. Allerdings überbewertet er die funktionale Notwendigkeit der Familie für den Kapitalismus und ihre Rolle als Vermittlerin kapitalistischer Macht. Darüber hinaus übergehen Abolitionistinnen nicht selten den ambivalenten Charakter des Familienlebens an sich. Sehen wir uns das Ganze einmal genauer an.

Der Kapitalismus braucht die Familie nicht

Aus Sicht feministischer Familienabolitionistinnen ist die Familie als zentraler Ort der Reproduktion von Arbeitskraft für das System notwendig. Ohne die unbezahlte Hausarbeit, Pflege und emotionale Unterstützung, die in Haushalten geleistet wird, wäre die tägliche und generationsübergreifende Erneuerung der Arbeiterschaft schlicht nicht möglich. Das führt uns zur entscheidenden Frage: Ist es für den Kapitalismus tatsächlich erforderlich, dass diese Tätigkeiten innerhalb der Kernfamilie ausgeübt werden? Ich würde sagen: Nein.

Wie die Theorie der sozialen Reproduktion selbst gezeigt hat, wird diese gesellschaftliche

Reproduktionsarbeit an Orten weit über den Haushalt hinaus geleistet. Schulen, Nachbarschaft, andere Gemeinschaftsorganisationen und auch staatliche Institutionen tragen zum Erhalt und zur Erneuerung der Arbeitskräfte bei. Die Kernfamilie ist somit nur ein Knotenpunkt in einer umfassenderen Reproduktionsinfrastruktur. Die Familie ist weder allumfassend noch unverzichtbar für das Funktionieren des Kapitalismus.

Mehr noch: Der zeitgenössische Kapitalismus ist in vielerlei Hinsicht durch eine Destabilisierung der Kernfamilie als Standardform der Care-Arbeit gekennzeichnet. In Love and Gold untersucht die Soziologin Arlie Russell Hochschild die Entstehung globaler »Pflegeketten«, in denen Migrantinnen aus dem Globalen Süden die Hausarbeit in wohlhabenderen Haushalten verrichten – und dabei oft ihre eigenen Kinder daheim zurücklassen. Dieses Phänomen spiegelt die strukturellen Widersprüche wider, die durch kapitalistische Arbeitsmärkte entstehen: Je mehr Frauen im Globalen Norden einer Erwerbstätigkeit nachgehen, desto mehr werden Care-Aufgaben auf ärmere Frauen abgewälzt. Der entsprechende Markt ist oft rassifiziert und transnational.

Dies zeigt gerade nicht, dass der Kapitalismus die Familie braucht und deswegen verteidigt, sondern vielmehr, dass er Pflegearbeit ausbeutet, wo immer er kann. Care-Arbeit bleibt für das System unverzichtbar, aber ihre konkrete Gestaltung wird zunehmend flexibler. Der Kapitalismus braucht nicht die Kernfamilie, er braucht Reproduktion. Wenn wir die Familie in unserer Kritik zu eng fassen und zu sehr in den Mittelpunkt stellen, besteht die Gefahr, Form mit Funktion zu verwechseln.

Reproduktion ist die entscheidende Kategorie – sie kann vielfältige institutionelle Formen annehmen und immer wieder neu organisiert werden, ohne dass ihre essenziell wichtige Rolle für die Aufrechterhaltung kapitalistischer Verhältnisse infrage gestellt würde. Kollektive Formen der Care-Arbeit können zwar die Lasten der privatisierten Hausarbeit erleichtern und tatsächlich Raum für emanzipatorischere soziale Arrangements schaffen, aber sie sind nicht von Natur aus emanzipatorisch. Wir wissen: Auch gemeinschaftliche Pflegearbeit kann vom Kapital vereinnahmt und instrumentalisiert werden.

Was wir brauchen, ist daher eine breitere Auseinandersetzung mit der Frage, wie der Kapitalismus das Entstehen und Entfalten von Leben organisiert und ausbeutet, anstatt uns auf lediglich eine der Institutionen zu fixieren, in denen diese Reproduktion stattfindet.

Ideologie oder Überleben

Zeitgenössische Familienabolitionistinnen argumentieren, der Kapitalismus reproduziere sich über die Familie nicht nur materiell, sondern auch ideologisch. Innerhalb der Familie würden Subjekte geformt, die kapitalistische Normen verinnerlichen: individualistische, eigentumsorientierte Sichtweisen, die Klassensolidarität zersetzen und kollektiven Widerstand verhindern. Aus dieser Sicht überlebt der Kapitalismus nicht nur dank gewisser ökonomischer Strukturen, sondern auch, weil er Subjekte so formt, dass sie ihn aufrechterhalten. Die Transformation der Welt erfordere daher sowohl die Abschaffung von derartigen Institutionen als auch eine Art »Neukonfiguration« der Subjekte, die diese Institutionen aufrechterhalten.

Dies ist wohlgemerkt keine einfache Forderung nach individueller ethischer Veränderung. Familienabolitionistinnen betonen, dass andere Wünsche und ein anderes Verlangen nur durch strukturelle Veränderungen entstehen können. In Anlehnung an Shulamith Firestone lehnt Kathi Weeks die Vorstellung ab, dass individuelle Selbstverbesserung für ein solches verändertes Verlangen (»desire«) ausreichend sei. Ihrer Ansicht nach muss das Verlangen nach etwas anderem durch kollektive, materielle Veränderungen erreicht werden.

Das zeigt gerade nicht, dass der Kapitalismus die Familie braucht und deswegen verteidigt, sondern vielmehr, dass er Pflegearbeit ausbeutet, wo immer er kann.

Wenn eine solche Transformation des Verlangens besonders betont wird, stellt sich die Frage nach dem Ort des Kampfes: Soll eine politische Transformation darauf abzielen, Institutionen oder einzelne Subjekte oder beides zu verändern? Der Revolutionär Leo Trotzki forderte beispielsweise Reformen, die innerhalb des Kapitalismus realistisch erschienen, aber bei ernsthafter Verfolgung die Unfähigkeit des Systems, sie zu erfüllen, offenbaren würden – und damit seine Grenzen aufzeigen und das politische Bewusstsein radikalisieren würden.

Im Gegensatz dazu scheint Weeks weniger daran interessiert zu sein, die äußeren Grenzen des Kapitalismus aufzudecken, als vielmehr die Grenzen unserer eigenen »desires« und psychosexuellen Vermögen zu erweitern. Sophie Lewis formuliert dies in Die Familie abschaffen so: »Als Menschen zusammen zu sein und die Trennung von Menschen zu beenden – das ist eine Zukunft, die imaginiert werden kann, auch wenn wir sie noch nicht in vollem Maße herbeisehnen können. Ich weiß nicht, wie es geht, sich völlig danach zu sehnen, trotzdem kann ich es kaum erwarten, herauszufinden, was nach der Familie kommt.«

Hier wird Abolitionismus zu einer Forderung, die sich nicht nur auf Institutionen bezieht, sondern auf unsere persönlichen, unterjochten Fähigkeiten zu lieben, zu sorgen und uns etwas anderes vorzustellen. Die Familie produziere privatisierte, kleinbürgerliche Subjekte, die von Solidaritätsdenken isoliert und strukturell nicht auf ein kollektives Leben jenseits der Verwandtschaft vorbereitet seien. Wie Lewis in Surrogacy Now schreibt, ist sie »motiviert durch den Hass auf den Kapitalismus, der proprietäre, dyadische Formen der Familie fördert und queere, gemeinschaftlich-kameradschaftlichere Formen gezielt unterdrückt«.

Nun lässt sich die Annahme hinterfragen, dass die Familie per se nach Besitz strebende, individualistische Subjekte hervorbringt. Wie der Gewerkschafter und Forscher Dustin Guastella angemerkt hat, könnte man die ideale Familie genauso gut als »organische soziale Beziehung betrachten, die auf Selbstlosigkeit, uneigennütziger Fürsorge und Geschwisterlichkeit beruht«. Und wenn wir uns umschauen, finden wir zahlreiche Beispiele für Menschen, die fähig sind, einander nicht im Sinne von Besitz, sondern als konkrete andere Person zu lieben. Diese Gegenmeinung muss durchaus ernst genommen werden. Noch dringlicher ist meiner Meinung nach aber das grundlegende Problem, dass die kapitalistische Subjektivität als erster Angriffspunkt für Kritik überbewertet wird.

Trotz ihrer sehr unterschiedlichen Ansichten betonen sowohl der Philosoph Søren Mau als auch der Soziologe Vivek Chibber die Zwangswirkung und Unpersönlichkeit des Kapitals als Schlüssel zum Verständnis davon, wie der Kapitalismus wachsen und gedeihen kann. Beide weisen darauf hin, dass Menschen durchaus kritisch gegenüber dem Kapitalismus eingestellt sein können, aber dennoch an ihm festhalten müssen. Das Problem ist demnach nicht, dass Menschen kapitalistische Subjekte wären, sondern dass sie im Kapitalismus leben. Zu starke Verweise auf rein ideologische Erklärungen bergen die Gefahr, die deutlich konkreteren, materiellen Gründe für Konformität mit den Anforderungen des Kapitalismus zu übersehen.

Nochmals: Die meisten Menschen passen sich kapitalistischen Normen nicht an, weil sie ideologisch getäuscht werden, sondern weil das Überleben im Kapitalismus ihnen kaum eine Alternative lässt. Eine solche materialistische Sichtweise lenkt unser Augenmerk weg von der Ideologie und hin zu den strukturellen Zwängen, die das Kapital auferlegt. Dabei zeigen sich Institutionen – einschließlich der Familie – nicht als monolithische Herrschaftsinstanzen, die kapitalistische Subjekte hervorbringen, sondern vielmehr als widersprüchliche Räume, die von kapitalistischen Imperativen, vorkapitalistischen Überresten und auch gegenhegemonialem Potenzial geprägt sind.

Die Familie ist nicht nur kapitalistisch

Abgesehen davon, dass der Familienabolitionismus auf einem allzu funktionalistischen Verständnis der Rolle der Familie innerhalb des Kapitalismus beruht, vereinfacht er zudem tendenziell die komplexe Beziehung zwischen

Die soziale Reproduktion innerhalb der Familie folgt Rhythmen, die einerseits vom Tempo des Kapitalismus geprägt sind, ihm andererseits aber auch widerstehen.

Ich habe gesehen, dass Familien ebenso Schaden anrichten wie Wunden heilen und Trost spenden können. Ich habe gesehen, wie Familien Ungleichheit reproduzieren, aber auch, wie sie sich dagegen wehren.

sozialer Reproduktion und kapitalistischer Akkumulation.

Die Arbeit der feministischen Philosophin Nancy Fraser über den Kapitalismus als institutionalisierte Gesellschaftsordnung bietet einen guten Rahmen, der uns hilft, die Kernfamilie weder als pro- noch als antikapitalistisch zu verstehen. Der Kapitalismus, so Fraser, ist nicht nur ein Wirtschaftssystem, sondern basiert auf grundlegenden Trennungen zwischen wirtschaftlicher Produktion und sozialer Reproduktion, ebenso wie zwischen Wirtschaft und Politik, zwischen menschlicher Arbeit und natürlichen Ressourcen sowie zwischen Ausbeutung und Enteignung. Entscheidend ist, dass der Kapitalismus auch von einer Reihe nicht-kapitalistischer »Rahmenbedingungen« abhängt: reproduktive Arbeit, politische Institutionen, natürliche Ressourcen und rassistische Enteignung.

Der Kapitalismus hat ein ambivalentes Verhältnis zu diesen nicht-ökonomischen Sphären. Reproduktionsarbeit – also die Arbeit, die die Arbeitskräfte erhält und erneuert – ist, wie Fraser zeigt, »gleichzeitig unverzichtbar sowie ein Hindernis für die Akkumulation«. Der Kapitalismus geht an Grenzen; er beutet Ressourcen ständig aus, ohne sie vollständig wieder aufzufüllen. Die Familie existiert in diesem ambivalenten Raum. Fraser beschreibt sie als »Reservoir nichtökonomischer Normativität«: einen Bereich von Werten, Fürsorge und Beziehungen, den der Kapitalismus zwar ausbeuten, aber sich nicht vollständig einverleiben kann. Die Familie ist demnach tief mit dem Kapitalismus verflochten und reproduziert oft unterdrückerische soziale Hierarchien, aber sie enthält auch zentrale Elemente einer Gegen-Normativität und gegenseitiger Fürsorge, die sich der kapitalistischen Logik widersetzen.

Das bedeutet auch: Das Ende des Kapitalismus wird nicht durch die Abschaffung der Familie erreicht. Wenn wir die Familie als etwas vom Kapitalismus Getrenntes, aber dennoch mit ihm Verflochtenes verstehen, können wir in ihr ein gewisses antikapitalistisches Potenzial erkennen. Dies gilt auch für andere soziale Konstellationen und Beziehungen, die über das bloße ökonomische Überleben hinaus von Bedeutung sind. Fergusons Arbeit über die Spannung zwischen kapitalistischer Zeitrechnung und der Zeit der sozialen Reproduktion verdeutlicht das Spannungsverhältnis: Die soziale Reproduktion innerhalb der Familie folgt Rhythmen und Tempi, die einerseits vom mechanisierten Tempo des Kapitalismus geprägt sind, ihm andererseits aber auch widerstehen.

Oder wie der Historiker Eli Zaretsky es ausdrückt: »Die Familie, die auf die ›natürlichen‹ Rhythmen des Essens, Schlafens und der Kinderbetreuung abgestimmt ist, kann niemals vollständig mit dem mechanisierten Tempo des industriellen Kapitalismus synchronisiert werden.« Diese Diskrepanz eröffnet einen Raum für Widerstand. Tatsächlich könnten Fürsorge, Care und soziale Reproduktion innerhalb der Familie Alternativen zur kapitalistischen Ausbeutung aufzeigen und anregen – statt diese Ausbeutungsmechanismen einfach zu reproduzieren.

Es gibt solche und solche

Als ich mit einem Freund über dieses Thema sprach, fragte er halb im Scherz: »Ist es nicht einfach so, dass diejenigen, die die Familie abschaffen wollen, aus schlechten Familien kommen, und diejenigen, die für die Familie sind, aus guten?« So nervig diese Frage auch war, sie ließ mich nicht los. Es ist einfach, die Abschaffung der Familie als persönliche Traumabewältigung abzutun – oder Familienbefürworter als Menschen, die schlicht Angst haben, etwas zu verlieren, das ihnen lieb ist. Das wäre vereinfachend und unfair. Dennoch denke ich, dass die persönlichen Interessen in diesen Debatten weit mehr Reflexion verdienen. Wir erleben Familie nicht als abstraktes Ding. Unsere Ansichten sind geprägt von komplexen Erinnerungen, emotionalen Bindungen und weitergegebenen Geschichten.

Auch meine eigene Position ergibt sich aus diesem Geflecht persönlicher und politischer Erfahrungen. Ich habe gesehen, dass Familien ebenso Schaden anrichten wie Wunden heilen und Trost spenden können. Ich habe gesehen, wie Familien Ungleichheit reproduzieren, aber auch, wie sie sich dagegen wehren. Ich habe gesehen, wie Familien scheiterten, und ich habe gesehen, wie sie überlebten. Diese Erfahrungen – und die extremen Ungleichheiten, die sich auch darin zeigen, wie unterschiedlich Familien in der Lage sind, zur Entfaltung von Einzelpersonen beizutragen und Sorgearbeit zu leisten – motivieren meine spezifischen politischen Ansichten.

Der Familienabolitionismus will Fürsorge kollektiver, gerechter und freier machen. Dieses Ziel teile ich. Doch dieses Projekt beginnt nicht mit dem Ende der Familie, sondern mit einer nüchternen Einschätzung dessen, was Familien im Kapitalismus eigentlich sind – und was nicht. Daher: Lasst uns für bessere Arten des gemeinsamen Lebens, Zusammenseins und gegenseitigen Sorgens einstehen. Aber lasst uns nicht davon ausgehen, dass es für dieses Ziel hilfreich ist, die Familie abzuschaffen. ❑

Evelina Johansson Wilén ist Associate Professor für Gender Studies an der Örebro Universität in Schweden. Sie ist Mitglied der Redaktion der marxistischen Theoriezeitschrift *Röda Rummet* sowie Autorin eines Buches über Familienabolitionismus, das 2026 bei La Fabrique erscheinen wird.

Phoebe Sterns

Horoskop

*21. SEPTEMBER 1909 JUNGFRAU

Kwame Nkrumah war der erste Präsident Ghanas, nachdem das Land 1957 von der britischen Kolonialherrschaft befreit wurde. Als Sozialist und Panafrikanist kämpfte er nicht nur für ein freies Ghana, sondern für ein geeintes Afrika, in dem es auch keine neokoloniale Ausbeutung mehr geben sollte: »[U]nsere Unabhängigkeit [ist] bedeutungslos, wenn sie nicht mit der vollständigen Befreiung Afrikas verbunden ist.«

JUNGFRAU Oh Jungfrau, Du bist doch eins der preußischsten Sternzeichen. Natürlich stehst Du kritisch zu Staat und Kapital, und doch findest Du Dich nirgendwo so wieder wie in Otto von Bismarcks Zitat: »Wir sind nicht auf dieser Welt, um glücklich zu sein und zu genießen, sondern um unsre Schuldigkeit zu thun.« Für Bismarck stand Pflichtbewusstsein über dem individuellen Streben nach Glück. Für Dich ist es Zeit, mit dieser staatstragenden Buckelei aufzuhören: Im Herbst also weniger Bismarck und mehr Dionysos wagen.

STEINBOCK Steinbock, zuletzt hast Du wieder jeden freien Samstag an Deinem Schreibtisch gesessen und Farbschemata fürs neueste Projekt getestet. Das Schlimmste daran: Niemand hat das von Dir verlangt, das hast Du freiwillig gemacht. Aber bist Du wirklich *Selbst schuld* an Deiner Misere? Im gleichnamigen Buch schreibt die Journalistin Ann-Kristin Tlusty: »Faulheit tritt in der Gegenwart höchstens als etwas in Erscheinung, das es zu überwinden gilt.« Das gilt für so arbeitssüchtige Charaktere wie Dich ganz besonders. Es gibt nur einen Ausweg: Tu Dich mit anderen Steinböcken zusammen und kämpft gemeinsam gegen Euren inneren Drang zur Selbstausbeutung.

SCHÜTZE Du weißt besser als alle anderen, dass Dein Zugang zu Geld eher locker ist, lieber Schütze. Schließlich kommt es immer irgendwo her – im Zweifel auch aus *shady* Quellen. Du lebst, um es mit Bertolt Brecht zu sagen, nach dem Motto: »Was ist ein Einbruch in eine Bank gegen die Gründung einer Bank?« Bisher bist Du damit meistens durchgekommen. Aber pass auf! In den kommenden Monaten stehst Du etwas genauer unter Beobachtung – lieber mal etwas weniger riskieren.

SKORPION Es gibt Zeiten, in denen kommst Du kaum aus dem Bett, und es gibt Zeiten, da spürst Du plötzlich Tatendrang. Im Herbst wartet Letzteres auf Dich, Skorpion. Du stehst vor der idealen Zeit, um neue Projekte voranzutreiben. Aber vergiss dabei nicht: Echte Veränderung entsteht nicht durch Einzelne, sondern durch organisierte kollektive Praxis. In der Gewerkschaftsbewegung hieß es nicht umsonst: »Nicht Milch und Quark – Solidarität macht uns stark.« Wenn Du Deine neugewonnene Energie nicht nur für Dich, sondern auch für andere nutzt, wirst Du noch lange davon zehren.

WAAGE 2025 war Dein persönliches 1989, liebe Waage: Es gab große Umbrüche. Entweder hast Du Deinen Job gewechselt oder eine Beziehungsperson verlassen, die Dein kosmisches Gleichgewicht gestört hat. Aber ein solcher »Wind of Change« kann auch trügerisch sein, nicht jeder Mauerfall bringt ein Happy End. Manchmal kommen auch die Baseballschläger-Jahre auf einen zu. Nutze die kommenden Wochen, um herauszufinden, was Dein neues Ich braucht, damit Du nicht in Leere, Orientierungslosigkeit und Entfremdung endest.

WASSERMANN »Vier Millionen Menschen leben in Berlin und keiner interessierte sich für Emil Tischbein«, schreibt Erich Kästner in seinem Roman *Emil und die Detektive*. Manchmal fühlst auch Du Dich wie ein kleiner Emil, Wassermann. Es hat die eine oder andere Absage für Dich geregnet in den letzten Wochen: Vielleicht hast Du den Traumjob nicht bekommen oder aus der neuen Wohnung wurde im letzten Moment doch nichts. Aber sei beruhigt: So wie Emil am Ende 1.000 Mark Belohnung bekommt, steht auch Dir ein positiver Umbruch bevor.

Illustration ▸ Viktoria Mladenovski

ZWILLINGE »Sie können alle Blumen abschneiden, den Frühling aber können sie nicht aufhalten.« Ein toller Satz. Nur: Man weiß nicht genau, wer ihn gesagt hat. Die einen schreiben ihn Pablo Neruda zu, die anderen Che Guevara. Was für ein Emblem für Dein Leben, lieber Zwilling. Auch Dir werden oft Dinge zugeschrieben, die Deinem Wesen nicht entsprechen. Oberflächlich und unehrlich sollst Du sein. Dabei bist Du eigentlich analytisch und reflektiert. Lass Dich davon nicht unterkriegen. Dein revolutionäres Blumenmeer von Charakter wird spätestens ab November für alle sichtbar sein.

LÖWE »Bei uns essen alle aus einem Teller«, rappt Zahıde in ihrem Song »Zahide Did It Better«, und obwohl der Song einer ist, zu dem man tanzt, zu dem man liebt, spürst Du manchmal eine gewisse Traurigkeit, wenn Du ihn hörst, lieber Löwe. Wir beide wissen, warum das so ist. Du siehst Dich gerne als selbstbewusst und charismatisch – und Du bist es auch. Aber manchmal schlägt das in Egoismus und Arroganz um. Lass wieder mehr Leute von Deinem Teller essen, dann schwingt Dein Pendel wieder ganz von alleine in seine Mitte.

FISCHE Kaum ein Sternzeichen ist so sensibel für körperliche Signale wie Du, Fisch. Du weißt genau, welcher Drink Dir nicht schadet, und wann es Zeit ist, zur Ruhe zu kommen. Doch was bedeutet es, sich so intensiv mit dem eigenen Körper zu beschäftigen? Foucault würde sagen: Du bist Teil einer biopolitischen Logik, in der das Regieren durch die Selbstregierung geschieht. Wenn Du Deine Gesundheit managst und Deinen Schlaf trackst, dann tust Du das vielleicht nicht nur für Dich, sondern auch im Sinne jener Machtverhältnisse, die wollen, dass Du Dich selbst regulierst. Manchmal heißt Selbstfürsorge, weniger in sich hineinzuhören.

KREBS Marcel Reich-Ranicki meinte einmal: »Ich kann nicht anders: Ich muss nörgeln.« An manchen Tagen fühlt es sich genauso an, mit Dir befreundet zu sein, lieber Krebs. Das Wetter im Juli? Wahlweise zu heiß oder zu regnerisch. Das Essen an der Riviera grundsätzlich versalzen, der Matcha in Hamburg zu bitter, die Analyse ohnehin immer nur verkürzt. Damit ist jetzt Schluss. Was auch immer Dir aufs Gemüt geschlagen hat: Lass es ab heute in der Vergangenheit.

STIER In Astrid Lindgrens *Ronja Räubertochter* sagt Birk zu Ronja: »Diesen Sommer […], ja, diesen Sommer werde ich bis an mein Lebensende in mir tragen, das weiß ich.« Darin erkennst Du Dich wieder, lieber Stier. Was für ein Sommer das war! Du hast geliebt, gelacht, Dich vielleicht neu kennengelernt auf eine Art und Weise, die Du nicht mehr für möglich gehalten hast. Jetzt geht es darum, diese Energie in die langsam kürzer werdenden Tage mitzunehmen. Die Sterne stehen gut, dass das gelingt.

WIDDER Lieber Widder, Du hast Glück. Die Sterne schieben Dir den Rücken, der Wind dreht sich in Richtung Aufbruch. »You got a fast car, I got a plan to get us outta here«, singt Tracy Chapman und erinnert daran: Geschwindigkeit alleine reicht nicht aus, man muss auch wissen, wohin man will – und mit wem. Es nimmt erst dann wirklich Fahrt auf, wenn Du nicht alleine gehst. Ja, es gibt einen Plan und ein schnelles Auto, aber Du musst für Dich entscheiden, welche Rolle Du einnimmst und wem Du die andere gibst.

*25. OKTOBER 1894 — SKORPION

Claude Cahun wurde als Lucy Renée Mathilde Schwob in Nantes geboren. Die Schriftstellerin und Fotografin schrieb unter anderem für *Inversions*, die erste homosexuelle Zeitschrift Frankreichs, verkehrte in den Kreisen der Pariser Surrealisten und engagierte sich als Kommunistin im antifaschistischen Widerstand, indem sie massenhaft Flugblätter druckte, die die deutschen Soldaten verunsichern sollten.

»Jacobin druckt klassenkämpferische Essays und Analysen und bemüht sich gar nicht erst, seine linke Haltung hinter unverfänglichen Attributen wie kritisch oder progressiv zu verstecken; es bezeichnet sich schamlos als sozialistisch.«

— Frankfurter Allgemeine Zeitung

IMPRESSUM

Jacobin erscheint im Brumaire Verlag.
Verantwortlich im Sinne des Presserechts ist Ole Rauch (Herausgeber).

Geschäftsführung: Ole Rauch, Lukas Scholle
Erkelenzdamm 59/61, 10999 Berlin
www.brumaireverlag.de

AUFLAGE
11.700 Exemplare
ISBN: 978-3-69151-003-4

KONTAKT ZUR REDAKTION
redaktion@jacobin.de

DRUCK & VERSAND
Druckerei: Druckhaus Sportflieger GmbH, Sportfliegerstr. 7, 12487 Berlin
Versand: Heftwerk / OML GmbH & Co. KG, Holzhauser Str. 140i, 13509 Berlin

ANZEIGEN
Online & Print-Werbung:
Anna Maria Faust, 09 41 / 9 20 08-25
annamaria.faust@faust-kommunikation.de
Mediadaten: www.jacobin.de/mediadaten
Anzeigenformate: www.jacobin.de/druckdaten

BUCHHANDEL
Buchhandelsbestellungen:
www.brumaireverlag.de und via Libri